DONALD
TRUMP
LA VÉRITÉ **CRUE**

**Catalogage avant publication de Bibliothèque et
Archives nationales du Québec et Bibliothèque et Archives Canada**

Beahm, George W.
[Trump talk. Français]
Donald Trump : la vérité crue
Traduction de : Trump talk.
ISBN 978-2-89585-869-0
1. Trump, Donald, 1946-   - Pensée politique et sociale. 2. États-Unis -
Politique et gouvernement - 2009-   . 3. Candidats à la présidence - États-Unis -
Biographies. I. Titre. II. Titre : Trump talk. Français.
E901.1.T78B4214 2016   333.33092   C2016-940520-6

Titre original :
Trump Talk : Donald Trump in His Own Words
Copyright © 2016 by George Beahm
Through arrangement with the
Mendel Media Group LLC of New York

© 2016 Les Éditeurs réunis (LÉR)
pour la traduction française.

Photo de la couverture : Michael Vadon

Les Éditeurs réunis bénéficient du soutien financier de la SODEC
et du Programme de crédit d'impôt du gouvernement du Québec.

Nous remercions le Conseil des Arts du Canada
de l'aide accordée à notre programme de publication.

Financé par le gouvernement du Canada | Canada

Édition :
LES ÉDITEURS RÉUNIS
lesediteursreunis.com

Distribution au Canada :
PROLOGUE
prologue.ca

Distribution en Europe :
DILISCO
dilisco-diffusion-distribution.fr

 Suivez Les Éditeurs réunis sur Facebook.

Imprimé au Québec (Canada)
Dépôt légal : 2016
Bibliothèque et Archives nationales du Québec
Bibliothèque nationale du Canada
Bibliothèque nationale de France

GEORGE BEAHM

DONALD
TRUMP
LA VÉRITÉ CRUE

Traduit de l'anglais (américain) par Jean-Louis Morgan

LES ÉDITEURS RÉUNIS

SOMMAIRE

« J'ai la réputation d'être dur et j'aime à penser que c'est justifié. Il faut se montrer dur lorsqu'un tas de gens influents racontent que vos beaux jours sont chose du passé pendant que votre mariage se détériore et que les pressions financières augmentent. À longue échéance, la dureté a prouvé qu'elle était l'un des principaux secrets de ma survivance. »

– Donald Trump, *Surviving at the Top*
(*Survivre au sommet*)

POURQUOI FAUT-IL PRENDRE DONALD TRUMP AU SÉRIEUX ?

« Depuis le début, je ne cesse de répéter aux gens de ne jamais sous-estimer Donald Trump. Il connaît un grand succès pour une bonne raison. C'est le roi de la mise en marché, et il sait encore mieux se commercialiser lui-même avec panache. De plus, il comprend ce que veut sa clientèle. »

– Bob Vander Plaats, président de l'organisation conservatrice The Family Leader
(*The Washington Post*, le 14 août 2015)

Tout comme les autres candidats postulant la présidence des États-Unis, Donald Trump doit être pris au sérieux. Après tout, il a engagé dans cette entreprise non seulement son argent (plus d'un milliard de dollars !), mais son temps et sa réputation. Peu importe ce que l'on peut penser de Donald Trump qui, dès le début de la course au leadership républicain, a dominé ses concurrents en matière de temps d'antenne dans les médias. Par ailleurs, les questions qu'il a soulevées – l'immigration, le commerce responsable, les affaires étrangères, l'emploi et le déficit fédéral – sont également au cœur des préoccupations de tous les candidats à la direction de la Maison-Blanche, peu importe leur affiliation politique.

Qu'il gagne ou qu'il perde, Trump est dans la course. Il se trouve au centre d'un tourbillon politique à l'intérieur comme à l'extérieur de son parti et se porte à l'offensive en exerçant un effort maximum. Une victoire des républicains signifierait potentiellement un net balayage. Les deux chambres du Congrès et le président se trouveraient alors dans la même équipe. Du fait que, justement, les républicains n'ont pas eu un des leurs dans le Salon ovale depuis George W. Bush (de 2001 à 2009), la pression s'exerce afin de faire nommer un candidat capable de défaire la candidate démocrate en tête, autrement dit Hillary Clinton, qui fait figure de favorite.

Dans son essence, le présent ouvrage se veut non partisan. Je veux brosser un portrait aussi exact que possible de Donald Trump. Quelles sont ses positions sur le plan politique, dans les affaires, dans sa vie personnelle? Il nous répond en ses propres mots grâce à un choix de citations choisies au fil de ses quarante années de carrière. Elles représentent ce qui intéresse nos contemporains et qui nous permettent de comprendre la pensée de ce candidat.

J'ai choisi de me montrer impartial parce qu'il est une figure polarisante. Les gens l'aiment ou ne l'aiment pas, et leur idée est déjà faite à son propos.

J'espère que ce livre donnera matière à réflexion et qu'il illustrera différentes facettes de Trump en exposant sa vie quotidienne et sa course au poste prestigieux qu'il convoite.

Donald Trump réussira-t-il à battre Hillary Clinton ? Quelqu'un d'autre tendra-t-il une embuscade à ces deux candidats ? Ou quelque candidat inattendu sortira-t-il de l'ombre pour surprendre tout le monde ?

Personne ne peut le dire, mais une chose est certaine : la course est amorcée, les enjeux sont élevés et nous ne pouvons négliger aucun candidat. Encore moins Donald Trump, un homme d'affaires devenu politicien, qui fait monter les enchères en misant sur le plus grand pari de son existence.

INTRODUCTION

Nous faisons face à l'ennemi : il se trouve en chacun de nous.

Avant que ne commence le premier débat républicain en vue des primaires présidentielles, les présentateurs-vedettes de Fox News effectuèrent une levée de boucliers à la manière de la série *Star Trek* afin de dénoncer le fait que Donald Trump jouait un joker. Ils craignaient que le candidat ignore le protocole établi et ne transforme un débat sérieux en une sorte de spectacle de téléréalité. À l'occasion de cet événement, le modérateur Bret Baier tenait en réserve une solution extrême pour faire face aux débordements. Voici comment le journaliste Stephen Battaglio le rapportait dans le *Los Angeles Times* du 9 août 2015, dans un article intitulé «Comment le présentateur Bret Baier se prépara pour le débat des républicains et fit instantanément la manchette grâce à Donald Trump»: «Dans l'éventualité où Trump aurait piqué une crise, on lui aurait dit : "Monsieur Trump, dans vos affaires, vous suivez des règles. Sur ce plateau, nous aussi avons nos règles de conduite. Nous ne tenons pas à vous raccompagner à l'ascenseur qui se trouve à l'extérieur de cette salle."» Baier devait rajouter : «Nous espérons ne pas avoir à recourir à de tels moyens, mais nous sommes prêts à tout.»

On n'eut pas à recourir à de telles mesures, mais Trump ne put s'empêcher de déclencher inconsciemment une tempête dans un verre d'eau en s'en prenant à Megyn Kelly, une modératrice de Fox News dans ce débat, qui lui avait demandé ce qu'il avait à répondre aux accusations d'Hillary Clinton, la favorite des démocrates, qui l'accusait d'être un pilier de l'antiféminisme.

FAUT QUE ÇA SAIGNE !

Roger Stone, un ancien conseiller politique qui a aidé Trump à se préparer au débat, avait prévu la manière de répondre à ce genre de questions. Selon le *Washington Post* du 10 août 2015, dans un article signé Robert Costa et Philip Rucker intitulé « Crise de croissance d'un favori minute », Stone, qui affirme avoir démissionné alors que Trump soutient l'avoir congédié, lui avait conseillé de faire preuve de modération. « Ne vous laissez pas entraîner dans des querelles sournoises, suggéra Stone à son patron, mais présentez plutôt un programme centré sur l'économie et insistez sur ce qui fait de vous un candidat qui se démarque des autres… »

Comme le mentionnait le journal : « Trump ne tint pas compte du conseil. Au lieu de cela, après avoir consulté brièvement ses documents, il avait décidé d'agir sans préparation, tout comme il le souhaitait. »

Au lieu d'expliquer, tel que beaucoup de personnes le recommandaient, qu'il respectait les femmes, qu'il en comptait beaucoup dans l'Organisation Trump, même dans la haute direction, et que ses commentaires au hasard étaient loin de représenter sa manière de penser, Trump réprimanda Mme Kelly en ces termes : « En toute honnêteté, Megyn, si vous n'aimez pas ça, j'en suis désolé. Je me suis montré très gentil avec vous malgré le fait que j'aurai bien pu ne pas l'être, du moins si j'en juge par la manière dont vous m'avez traité. Mais je ne ferai pas cela. »

Le jour suivant, Trump devint féroce. Il l'attaqua en ligne en disant que ses yeux étaient injectés de sang et que, de toute façon, le sang jaillissait d'elle où bon lui semblait.

Cette phrase fut interprétée par les médias comme une allusion au flot menstruel, et Trump se retrouva au milieu d'un bain d'hémoglobine qui commença par l'annulation de l'allocution qu'il devait prononcer au rassemblement RedState d'Atlanta de l'organisateur pro-républicain Erick Erickson, prévu deux jours plus tard. Lors de cet événement, Erickson déclara : « Je ne veux pas voir ma fille dans la même pièce que Donald Trump ce soir. Par conséquent, il n'est pas invité. Si notre porte-étendard doit recourir à de telles méthodes, nous devons alors en choisir un autre… »

Sur le site Internet du magazine *Time* [Time.com] du 8 août 2015, on rapporte les propos d'un porte-parole de la campagne électorale de Trump qui se porte à la défense de son maître. « Il ne s'agit là que d'un autre exemple de la faiblesse qui se manifeste en voulant pratiquer la rectitude politique. Au nom de toutes les personnes qui s'attendaient à la présence de M. Trump, je dis à ce dernier qu'il nous manquera. Blâmons Erick Erickson, ce faible et lamentable organisateur. Il ne nous reste plus qu'à faire campagne en un autre lieu. »

La guerre des mots entre Donald Trump et les médias en général ou encore entre lui et n'importe quelle personne – même au sein de son propre parti – qui, dans son esprit, ne l'a pas bien traité continuera d'augmenter, malgré les efforts des républicains pour limiter les dégâts.

Le *Washington Post* du 9 août 2015, sous la plume de Philip Rucker et Robert Costa, résume la situation sous le titre « Les électrochocs de Trump suscitent un recul chez les républicains ». « Craignant que la rhétorique enflammée du milliardaire ait infligé de sérieux dommages à la marque de fabrique du GOP (*Grand Old Party* ou Parti républicain), les leaders de ce dernier espèrent pouvoir se distancer du cirque de M. Trump afin de revenir à des discussions plus sérieuses au sein de l'impressionnante assemblée de gouverneurs, de sénateurs et autres candidats. » Le journal poursuit: « Ils sont conscients que l'unique porte-voix de Trump et la passion dont font preuve ses supporters rendent risqué tout calcul par rapport à sa candidature. Après tout, on l'a compté pour mort bien avant cela. » Notamment après que Trump eut émis des propos incendiaires sur son collègue et sénateur républicain John McCain, et sur sa colistière Carly Fiorina.

Entre-temps, chez les démocrates – tout particulièrement chez la favorite, Hillary Clinton –, on regarde le spectacle d'un œil amusé, on attend le bon moment et l'on se demande quand la campagne de Trump implosera…

La grande question, celle qui n'a pour l'instant pas de réponse et qui garde tout le monde sur la brèche, est celle-ci. Si, à la fin, Trump perd l'appui du Parti républicain, choisira-t-il le moindre des deux maux en se retirant simplement de la course, au lieu de siphonner les votes qui aideraient les démocrates à gagner par défaut s'il se présentait comme candidat indépendant? Voilà la question centrale à laquelle il faut répondre. En attendant, le monde, et tout spécialement le Mexique, retient son souffle.

Le 3 septembre, Trump a signé un engagement rédigé par le RNC (Comité national républicain) afin de soutenir quiconque le parti choisit comme candidat. Toutefois, certains observateurs ont fait valoir qu'étant donné que cet engagement n'a aucune autorité légale, Trump peut décider de toute façon de prendre part à la course en qualité de candidat d'un tiers parti (en tenant pour acquis qu'il n'est pas désigné), ce qui bouleverserait les plans du parti pour sa course au leadership.

Les choses fluctuent donc constamment et Trump possède toujours un atout, car *Trump card* signifie en anglais : « atout » ou « atout maître ».

FAIRE DES AFFAIRES EST LA RAISON D'ÊTRE DE L'AMÉRIQUE

Après avoir établi un empire s'étendant autour du monde, on peut dire que Donald Trump est un homme d'affaires ayant indiscutablement réussi et dont la fortune s'élève à des milliards. Il repousse les critiques de ceux qui prétendent qu'il soit né riche. « La vérité est que lorsque je me suis lancé en affaires j'étais pratiquement fauché. Mon père ne m'a pas laissé beaucoup d'argent, mais m'a donné une solide instruction et une formule simple pour prospérer : travailler dur et faire ce que l'on aime. » C'est du moins ce qu'il écrit dans l'un de ses ouvrages à succès, *Think Big and Kick Ass in Business and Life*. (Littéralement :

«Voyez grand et cassez la baraque dans les affaires et dans la vie», un ouvrage apparemment non traduit en français.)

Trump se hérisse lorsque les journalistes lui disent qu'il n'est pas un véritable *self-made-man*. Il se fâche également et menace de poursuites judiciaires ceux qui allèguent qu'il a déjà déclaré faillite. Nuance. Il précise n'avoir jamais déclaré «personnellement» faillite, mais que quatre de ses casinos d'Atlantic City se sont mis en faillite *corporative*, c'est-à-dire qu'ils ont déposé leur bilan.

Donald Trump est avant tout un bâtisseur, un négociateur aguerri et un critique véhément de la manière dont les politiciens mènent les États-Unis.

Après plusieurs tentatives d'incursion dans l'arène politique, il a fini par relever le gant et s'est annoncé comme candidat républicain dans la course à la présidence de 2016. Il surprit les dirigeants de son parti, car ce dernier avait l'intention de favoriser ses propres candidats possédant une vaste expérience au sein du pouvoir exécutif – traditionnellement, des gouverneurs d'État ou des sénateurs.

Dans le *Washington Post* du 10 août 2015, on retrouve un mémorandum que Roger Stone, un ancien conseiller de Trump, avait envoyé à son patron. Il lui recommande de mettre en évidence sa vaste expérience du milieu des affaires en la vendant comme la panacée permettant de résoudre les problèmes qui rongent le pays. Trump devait dire plus tard: «Je me présente parce que, lorsque je regarde le milieu politique – au demeurant, composé d'excellentes personnes –, je m'aperçois qu'aucune d'entre elles ne saurait gérer la moindre de mes sociétés. Ce ne sont pas des entrepreneurs…»

SCRUTIN, SONDAGES ET GRILLE DE DÉPART

Stone conseillait à Trump de se positionner comme un bâtisseur, un entrepreneur et un capitaliste s'opposant «à un ramassis de politiciens faisant intégralement partie du problème». Nombreux sont les Américains qui sont manifestement désenchantés par l'idée de subir encore les palabres et les radotages des politiciens de carrière, des gens que les Texans surnommeraient volontiers *all hat and no cattle*, en d'autres mots de beaux parleurs portant d'élégants chapeaux de «rancher», mais ne possédant aucun cheptel.

Profitant de l'insatisfaction profonde des citoyens à l'égard des politiciens, à la plus grande surprise des représentants plutôt guindés du Parti républicain, Trump attira l'attention des médias et l'intérêt des électeurs au point où sa popularité le propulsa en tête de liste. (Notons également que les deux autres candidats non politiciens, Ben Carson et Carly Fiorina, se sont également bien placés.) C'est ainsi qu'au cours des trois premiers débats organisés par les républicains en vue des élections présidentielles, Trump parvint à se faire favorablement remarquer. De plus, sa présence a électrifié l'électorat. Il a indubitablement su capter l'attention d'un public qui, en d'autres circonstances, n'aurait probablement jamais suivi ces débats. Tel que Trump devait le mentionner dans l'émission *Today* de la chaîne NBC: «Si je n'avais pas participé à cette émission, la NBC n'aurait retenu l'attention que de deux millions de téléspectateurs.

Les autres candidats peuvent s'estimer très chanceux parce qu'au moins des gens ont écouté ce qu'ils avaient à dire au lieu de s'en moquer complètement. »

Le premier débat de la campagne de 2011, diffusé par Fox News, attira 3,2 millions de téléspectateurs. Le débat de 2015, diffusé par la même chaîne, retint l'attention de 24 millions de téléspectateurs, ce qui en faisait le débat des primaires le plus regardé dans l'histoire de la télévision. Par ailleurs, le premier débat diffusé sur CNN attira 23 millions de téléspectateurs, ce qui établissait un nouveau record d'audimétrie dans l'histoire des médias. Merci, Donald Trump.

Les esprits curieux commencèrent alors à se demander qui était ce Donald Trump et pourquoi il devrait être le prochain président des États-Unis.

Avant le débat, le chroniqueur du *Washington Post*, E.J. Dionne Jr., déclarait le 3 août 2015, dans un article intitulé « Seuls les perdants peuvent se permettre de surenchérir sur les propositions de Trump », que les partisans de l'homme d'affaires ont l'intuition que quelque chose ne fonctionne vraiment pas dans leur parti. Il écrit : « Ils ont raison de considérer que leur parti n'est pas à la hauteur à laquelle ils sont en droit de s'attendre, et que la plupart des candidats naviguent dans le sens de cette désaffection. Par contre, ceux qui, au contraire, essaient de lutter contre la perte de confiance en réagissant de manière constructive mériteront de remporter le débat. »

Au fait, qui a remporté le débat ?

Rétrospectivement, il n'y a pas de gagnant indiscuté. Y compris M. Trump. Il ne s'agit après tout que des premières salves d'une longue bataille qui durera plusieurs mois. Il serait donc prématuré, à ce stade-ci de la joute, de prédire qui sera le favori.

Les débats ne furent pas, comme certains le craignaient, un spectacle de téléréalité de Donald Trump. S'exprimant avec cœur, et non en collant à des discours préparés, Trump martela des thèmes souvent évoqués, qui sont les pierres angulaires de sa campagne et que l'on retrouve au long dans trois de ses ouvrages à succès : *The America We Deserve* (« L'Amérique que nous méritons »), publié en 2000 ; *Time to Get Tough : Making America # 1 Again* (« C'est le moment de nous montrer inflexibles ! Redonnons sa grandeur à l'Amérique »), publié en 2011 et réédité en 2015 ; et, enfin, *Crippled America : How to Make America Great Again* (« L'Amérique estropiée. Comment rendre sa grandeur à l'Amérique »), paru en 2015. Dans ces trois volumes, il énonce les problèmes auxquels l'Amérique doit faire face et propose des solutions pour les résoudre. Dans le premier de ces livres, il écrit : « Si je suis élu président, je me nommerai délégué commercial des États-Unis. Mes avocats ont vérifié. Le président peut assumer cette fonction. Je m'occuperai alors personnellement des négociations avec les Japonais, les Français, les Allemands et les Saoudiens. Nos partenaires économiques seront obligés de s'asseoir à la table de Donald Trump, et je vous garantis que l'arnaque dont notre pays est victime cessera… Le problème est que nous ne savons pas négocier. Nous ne savons pas quoi demander aux gens qui nous font face aux tables de négociation. »

En d'autres mots, le remède de Trump est de s'engager personnellement et de se montrer inflexible sur les questions de commerce international, car il est d'avis qu'à peu près tout le monde profite scandaleusement de la situation et que, bien entendu, il est temps que cela cesse.

LE *ROAD MOVIE* SE POURSUIT

Lors des futurs débats du Parti républicain, tous les yeux seront fixés sur Trump afin de voir s'il a changé de refrain, s'il a réussi à contrôler sa nature explosive, s'il s'est bien préparé à citer convenablement faits et statistiques au lieu d'improviser, s'il a davantage l'allure d'un futur président des États-Unis, en d'autres termes s'il est devenu quelqu'un capable de structurer clairement un plan pour sauver l'Amérique. S'il réussit son pari, les autres candidats auront du fil à retordre.

Dans le magazine *Time* du 24 août 2015, Zeke J. Miller fait remarquer qu'en ce qui concerne le Parti républicain « les prières que certains ont formulées pour que Trump quitte la course à l'investiture républicaine n'ont pas reçu d'écho et que les chances de voir le candidat s'accrocher pendant au moins encore quelques mois semblent très fortes. Trump est l'invité qui s'incruste… Tant qu'il fera la manchette, il dominera les débats et sera en tête des sondages, il fera figure de favori… »

Autrement dit, accrochez bien votre ceinture, car le vol risque de subir des turbulences…

POURQUOI CE LIVRE ?

En 1987, lorsque Donald Trump publia : *The Art of the Deal* (« Le plaisir des affaires »), je m'en procurai un exemplaire et en pris connaissance. De toute évidence, l'auteur était un négociateur chevronné, réaliste, visionnaire. Bref, ce n'était pas un beau parleur mais un grand faiseur et, à ce titre, il méritait de retenir notre attention.

Par la suite, la vision de Trump devint plus hardie, ses gratte-ciels de plus en plus élevés, et il continua à écrire des livres sur la pratique des affaires, où il exposait son point de vue de manière franche, nouvelle et pédagogique.

Après avoir regardé le premier débat portant sur l'investiture présidentielle organisé par les républicains, je me suis demandé si ses collègues républicains sur le plateau s'étaient donné la peine de lire ne serait-ce *qu'un seul* de ses livres, ce qui leur aurait été profitable. En balayant leur concurrent d'un revers de la main et en ne le prenant pas au sérieux, ils commirent une erreur. Peu importe ce que l'on peut penser de l'homme, on ne peut mettre en doute son indéniable réussite. Au cours des quatre dernières décennies, il a traité une foule d'affaires qui l'ont rendu milliardaire. Tels sont les faits.

À titre de président du Parti républicain de l'Iowa, Jeff Kaufmann a déclaré, le 26 octobre 2015, sur les ondes de CNN : « Je ne pense pas qu'un seul républicain dans cet État aurait pu prévoir il y a seulement quatre mois que Donald Trump serait encore en tête des candidats de notre parti sur le plan national. » Kaufmann attribue ce phénomène à ce qu'il appelle « l'attirance pour un outsider ».

UN CANDIDAT CRÉDIBLE OU PAS ?

En raison de tous les livres qu'il a écrits ou qu'on a écrits sur lui – avec ou sans son autorisation –, et en raison de toute la médiatisation dont il a récemment bénéficié, ses détracteurs l'ont qualifié de clown (notamment sur les sites Salon.com et Politico.com, où Jack Shafer le décrit comme étant un type peu sérieux). D'autres s'inscrivent vigoureusement en faux contre de tels qualificatifs. Pour sa part, dans sa chronique NY1 du *New York Daily News* du 4 août 2015, le commentateur politique Errol Louis déclare : «Nous devons prendre Trump au mot et le traiter pour ce qu'il est, c'est-à-dire le candidat en tête de l'investiture républicaine à la présidence. Cet homme est l'auteur de deux livres, dans lesquels il expose comment il compte gouverner, et qui contiennent des idées qui circulent dans le courant politique dominant… On ne peut nier que le candidat Trump est un bateleur médiatique et parfois même un provocateur. Mais lorsque les gens comparent Trump avec le célèbre forain et propriétaire de cirque du XIXe siècle P.T. Barnum, ils devraient tenir compte qu'après avoir fait fortune dans le spectacle, le roi du cirque se présenta en politique, fut élu à la législature de l'État du Connecticut et fut un temps maire de Bridgeport. Au terme de ses deux mandats, il laissa le souvenir d'un réformateur efficace et sachant se faire écouter.»

Autrement dit, gardons-nous de radier Donald Trump de la liste. Si vous le prenez pour un fantaisiste, prenez au moins ses initiatives au sérieux. Au moment où ces lignes sont écrites, il paraît s'être installé dans le long terme, et il a sorti son portefeuille. Lors d'une de ses apparitions en public à l'Iowa State Fair, le 15 août 2015, on lui demanda s'il était prêt à dépenser un milliard de dollars de son argent personnel pour sa course à l'investiture.

Il a répondu : «Oui, s'il le faut, je le ferai. Je gagne 400 millions de dollars par année. Alors quelle différence cela peut donc bien faire?»

Qu'il gagne ou qu'il perde, il est indéniable que sa présence dans la course à la Maison-Blanche a choqué, voire ébranlé le Parti républicain, et transformé l'élection de 2016 en un événement suivi avec fascination par l'électorat. Trump s'exprime sans ambiguïté, de manière accessible, devant un corps politique qui, trop longtemps, s'est senti privé de son droit de vote, dépassé et déçu par la même bande de politiciens qui se conforment apparemment à la ligne du parti mais qui, en fin de compte, parlent beaucoup en se gardant d'agir. Trump affirme qu'il tiendra sa parole.

Trump a, de toute évidence, touché un point sensible parmi l'électorat républicain en soulevant des questions controversées, jusqu'alors insolubles, et en ayant atteint une limite qu'on ne peut plus passer sous silence. C'est la raison pour laquelle il s'est placé premier sur la grille de départ. Les gens sont intéressés par ce qu'il a à dire.

« TRUMP. REDONNONS SA GRANDEUR À L'AMÉRIQUE ![1] »

Le 16 juin 2015 à New York, dans la tour qui porte son nom[2], Donald Trump le fondateur et P.D.G. d'une organisation dont il est l'éponyme, descendait les marches de l'escalier roulant qui l'amenait vers le podium. Il écouta sa fille Ivanka le présenter à l'assemblée. À la main, il tenait les quatre pages d'un discours soigneusement préparé par le Comité exploratoire Donald J. Trump. Une fois installé, il lut le même document que son comité avait fait parvenir par courriel à la presse avant son allocution, afin de s'assurer que les citations du conférencier étaient rapportées fidèlement par les journalistes.

Le discours s'intitulait *Trump. Redonnons sa grandeur à l'Amérique! Déclaration de candidature de Donald J. Trump à la présidence, tour Trump, New York, le 16 juin 2015.*

Le texte commençait par un énoncé du problème: «Notre pays est dans une situation intenable. Personne ne nous respecte. Nous sommes la risée d'un tas de gens. Daech, la Chine et le Mexique s'acharnent à nous défaire. Tout le monde s'en prend à nous. Nos ennemis montent en puissance, tandis que nous perdons du terrain.»

Le discours s'en prend ensuite aux politiciens de carrière qui, dit son auteur, « parlent beaucoup et ne font rien ».

Il ajoute : « Je suis incapable d'être plus longtemps témoin de ce genre d'incompétence. » Il offre ensuite la solution en faisant don de sa personne au pays, et annonce : « Mesdames et Messieurs, je me présente officiellement comme candidat à la présidence des États-Unis. »

Il énonce ensuite certains des principaux problèmes : l'accroissement de la dette nationale (« qui dépassera bientôt les 20 billions de dollars »), les frontières poreuses, les 90 millions d'Américains qui ont cessé de chercher un emploi, les 45 millions qui vivent grâce aux timbres d'alimentation pour indigents et les 50 millions vivant sous le seuil de la pauvreté. L'énumération se poursuit par la menace étrangère – qui s'accroît quotidiennement –, et qui inclut l'Iran et ses armes nucléaires, la croissance de la puissance militaire chinoise, les terroristes islamiques qui assassinent des diplomates américains à Benghazi et en Iran, Daech qui décapite des chrétiens et « s'accapare de vastes territoires du Proche-Orient contenant les plus importantes réserves de pétrole du monde ».

Pour Trump, le pays doit prendre « hardiment » une autre direction et « il est temps de remettre les Américains au travail ».

Il propose des remèdes : construire un mur sur la frontière sud, prendre soin des anciens combattants, rééquiper l'armée, mieux traiter les personnes âgées, supprimer l'assurance maladie surnommée Obamacare, simplifier la fiscalité, cesser de transférer les emplois à l'étranger «par l'intermédiaire d'ententes commerciales boiteuses», supprimer les échappatoires dans la législation concernant les transactions mobilières, créer des occasions d'affaires pour les petits commerces, investir dans l'infrastructure du pays, supprimer le tronc commun dans les écoles, défendre Israël, interdire à l'Iran de mettre au point des armes nucléaires, vaincre Daech et se montrer très ferme envers la Chine.

Le ton de ce discours est certes catégorique.

Ce discours original est clair et concis. Trump aurait pu le prononcer en un temps record et laisser aux médias le temps de commenter ses nombreuses propositions. Cet événement n'était certes pas le moment de s'étendre sur les sujets particuliers. Cela pouvait toujours se dérouler plus tard au cours de la campagne. Disons que ce discours n'était que le point de départ, la couche de base de la chaussée sur laquelle Trump voulait rouler lors de sa course à la présidence.

Et pourtant… Trump n'a jamais fait ce discours !

Au lieu de cela, il se servit de ce texte pour improviser. Peu importe la raison, il décida de s'exprimer plus librement, ce qui prit son personnel de campagne à l'improviste. Une transcription de ce discours impromptu fut diffusée rapidement en ligne par plusieurs médias, et certains l'examinèrent afin de vérifier les faits.

Étant donné que le discours impromptu de Trump constituait la plateforme sur laquelle il se tient en qualité de candidat, je le rapporte un peu plus loin, avec des corrections mineures, afin d'éclaircir les choses et de le rendre plus facile à lire. J'ai également ajouté des commentaires après coup pour situer le lecteur dans le contexte.

Bien des questions évoquées dans le discours écrit auraient de toute façon été favorablement reçues par un corps électoral frustré et désenchanté, à la recherche d'un leader se proposant de se rendre courageusement sur un terrain où personne ne s'est jamais aventuré. En général, les questions principales contenues dans le discours imprimé de Trump sont conformes aux idées émises par ses collègues républicains.

* * *

Je suis très heureux de me trouver à la tour Trump, dans la merveilleuse ville de New York. C'est pour moi un honneur de me trouver ici, avec toutes les personnes ici présentes. Cela dépasse toutes les attentes, car je n'ai jamais vu une foule aussi grande.

Notre pays a de graves problèmes. Nous ne remportons plus de victoires. Il fut un temps où nous étions victorieux, mais ce temps-là est révolu. Quand avons-nous, la dernière fois, remporté une victoire commerciale, disons, sur la Chine ? Non, les Chinois nous écrasent à ce jeu. En ce qui me concerne, je les bats toujours.

Quand avons-nous devancé le Japon dans quelque domaine que ce soit ? Ils nous balancent leurs voitures par millions et que faisons-nous ? Quelle est la dernière fois que vous avez vu une Chevrolet à Tokyo ? Eh bien ! Ça n'existe pas, bonnes gens ! Ils nous battent à plate couture.

Quand avons-nous eu l'avantage à la frontière mexicaine ? Ils se moquent de nous et de notre stupidité.

Et voilà maintenant qu'ils nous battent sur le plan économique. Ce ne sont pas des amis, croyez-moi, car ils nous trucident économiquement.

Les États-Unis sont devenus le dépotoir des problèmes du monde entier.

Lorsque le Mexique nous envoie ses gens, dites-vous bien qu'ils ne nous envoient pas la crème. Ils nous parachutent des individus avec une foule de problèmes, et ces derniers importent ces problèmes chez nous. Ils nous envoient des drogués, des criminels, des violeurs. Cela dit, je suppose qu'on trouve aussi de braves gens parmi eux[3].

Je me suis entretenu avec des gars de la police des frontières et ils m'ont confirmé le genre de citoyens qu'on nous envoie. Cela tombe sous le sens. On ne nous envoie pas les bonnes personnes, des personnes dans votre genre, par exemple.

Ça vient non seulement du Mexique, mais de toute l'Amérique centrale et du Sud… et probablement aussi du Proche-Orient. Cependant, nous n'en savons rien, car nous n'avons ni les moyens de nous protéger ni la compétence pour faire échec à cette situation et ne savons même pas ce qui nous arrive. Il est temps de mettre un terme à cette gabegie… et ça presse !

Le terrorisme islamique est en train de s'emparer d'une grande partie du Proche-Orient. Ces terroristes se sont enrichis et moi je suis en concurrence avec eux. Ils viennent même de construire un hôtel[4] en Syrie. Oui, en Syrie. C'est incroyable. Lorsque je dois construire un hôtel, je paie des intérêts. Ce n'est pas leur cas puisqu'ils ont fait main basse sur le pétrole local. Lorsque nous avons quitté l'Irak, j'avais pourtant dit que nous devions sécuriser le pays.

Résultat ? Daech en contrôle le pétrole et ce qui leur échappe tombe sous le contrôle de l'Iran. Voici une vigoureuse mise en garde que j'ai faite il y a bien des années. J'avais recommandé à nos responsables de ne pas toucher à l'Irak, sous peine de déstabiliser tout le Proche-Orient. Pourtant, j'aime nos militaires, je crois fermement que nous devrions avoir les forces armées les plus puissantes du monde et que nous en avons particulièrement besoin à l'heure actuelle. J'avais prévenu que l'Iran allait exercer son emprise sur le Proche-Orient, que l'Iran et les autres s'approprieraient le pétrole, et c'est précisément ce qui arrive ! Pensez-y donc, car l'Iran s'impose en Irak sous le regard impuissant des grandes nations.

Nous avons dépensé deux billions en Irak[5]. Nous y avons perdu des milliers de combattants[6]. Ce conflit a fait des milliers de blessés – des gars que j'aime, car ils sont vraiment bien. Oui, des milliers.

Et qu'avons-nous récolté ? Rien du tout. Nous ne pouvons même plus remettre les pieds dans ce pays. Rien du tout, dis-je. Et chaque fois que nous fournissons du matériel de guerre à l'Irak, il suffit qu'une balle siffle pour qu'ils l'abandonnent à l'ennemi.

La semaine dernière, j'ai lu que 2300 Humvees (*High Mobility Multipurpose Wheeled Vehicle*), des tout-terrain de transport militaire qui ont remplacé la légendaire Jeep, étaient tombés entre les mains de l'ennemi. Encore si on parlait de deux, de quatre voitures, mais plus de deux mille? Eh bien, c'est comme ça. Les Irakiens se sont sauvés, et 2300 véhicules militaires ont été récupérés par l'ennemi[7].

Le dernier trimestre, on a dévoilé les chiffres de notre produit intérieur brut. Des chiffres rassurants, sans doute? Pas pour nous en tout cas, car les résultats se situaient en dessous de zéro! Qui a déjà entendu parler de ça? Jamais on ne parle de résultats inférieurs à zéro[8]. Le taux de participation des travailleurs a été le pire depuis 1978. Pensez-y: un PIB sous zéro, un taux de participation de la main-d'œuvre alarmant et notre taux de chômage oscillant entre 18 et 20 pour cent... Ne croyez surtout pas que ce taux n'est que de 5,6 pour cent[9], tel qu'on le prétend.

C'est exact. Il existe un tas de gens incapables de trouver du travail. Ils ne peuvent pas trouver d'emploi parce qu'il n'y en a pas, pour la bonne raison que nos emplois ont disparu au profit de la Chine et du Mexique. Cela donne que notre véritable taux de chômage se situe entre 18 et 19 pour cent, peut-être même 21 pour cent. Personne n'en parle, évidemment, car de telles statistiques dépassent la raison.

Nos ennemis deviennent de plus en plus puissants de jour en jour, tandis que notre pays se débilite.

Même notre arsenal nucléaire n'est plus à la hauteur[10]. Ils utilisent du matériel vieux de trente ans et ne savent même pas s'il fonctionne. Récemment, on a annoncé cette nouvelle à la télé, et je me suis dit que cela envoyait un drôle de message à Poutine et à tous ceux qui nous regardent et se disent ensuite: «Voilà des gens et un pays qui n'ont aucune idée de ce qu'ils font.»

Nous subissons les effets d'un désastre, d'une fumiste-rie nommée Obamacare. Hier même, on a découvert que les frais de cette assurance maladie s'élevaient pour les souscripteurs à 39, 49 et même 55 pour cent[11]. Je ne parle pas des franchises, qui défoncent les plafonds. Il faut que nous soyons écrasés par un tracteur – oui, un tracteur – pour en bénéficier, car les franchises sont si élevées que cette assurance ne peut se révéler de quelque utilité que ce soit. Un vrai désastre.

Et que faut-il penser du site Internet de cinq milliards de dollars pour Obamacare ? Aux dernières nouvelles, il ne fonctionne toujours pas. Cinq milliards de dollars… J'ai une foule de sites Internet aux quatre coins du pays. J'engage des gens pour s'en occuper et ça ne me coûte que trois dollars[12] !

Bref, il faut faire quelque chose parce que les politi-ciens parlent beaucoup et ne font rien. Résultat : rien ne se passe. Croyez-moi. Ce ne sont pas eux qui vont nous amener vers la Terre promise. Certes non.

En guise d'exemple, je me suis retrouvé en tournée électorale en train de faire des discours et j'entends mes collègues républicains – des gens formidables que j'aime bien. Ils veulent tous que je les appuie. Ils viennent à mon bureau. Je dois rencontrer trois d'entre eux la semaine prochaine. Ils ne savent que dire : Vous présentez-vous ? Ne vous présentez-vous pas ? Pouvons-nous compter sur votre appui ? Que devons-nous faire et comment ?

Oui, je les aime bien et j'aime leurs discours. Seulement voilà, ils ne parlent pas d'emploi. Ils ne parlent pas de la Chine. Quand les avez-vous entendus dire que la Chine était en train de nous tuer ? Les Chinois dévaluent leur monnaie à un degré inimaginable, ce qui rend nos entreprises incapables de les concurrencer. La situation est intenable. Ils sont en train de nous trucider, mais vous n'entendez personne en parler…

J'écoute les beaux discours de nos collègues. Ils racontent que le soleil se lèvera, que la lune se couchera et que toutes sortes de choses agréables vont arriver. Mais le peuple répond : « Un instant. Que se passe-t-il ? Je veux juste qu'on me donne un emploi. Je peux me passer d'effets oratoires. Du boulot, vous comprenez ? » Et les choses risquent de s'empirer car, souvenez-vous, c'est en 2016 qu'Obamacare démarre pour de bon.

Obama ira golfer. Il jouera peut-être même sur un de mes parcours de golf. Je serais heureux de l'inviter. Je possède les meilleurs terrains du monde. S'il le veut, j'en ai un à côté de la Maison-Blanche, qui donne en plein sur le Potomac. S'il veut venir y jouer, ce serait bien. En fait, j'aimerais qu'il vienne de bonne heure faire un parcours. Ce serait très sympa. Seulement, en 2016, ce sera le grand démarrage pour l'Obamacare, une initiative incroyablement destructrice.

Les médecins jettent l'éponge. J'ai un ami docteur qui m'a confié l'autre jour : « Donald, je n'ai jamais rien vu de tel. J'emploie davantage de comptables que d'infirmières. C'est un désastre. Mes patients n'en peuvent plus. Ils avaient une assurance maladie qui fonctionnait bien et maintenant, ils n'en ont plus[13]. »

Nous devons abroger l'Obamacare et remplacer cette formule par quelque chose de bien meilleur pour tout le monde. Tout le monde devrait bénéficier de l'assurance maladie, mais en beaucoup mieux et à moindre coût, pour les citoyens comme pour le gouvernement. Nous sommes capables d'y arriver.

J'ai observé les politiciens et ai traité avec eux tout au long de mon existence. Si vous ne pouvez conclure une bonne entente avec un politicien, cela veut dire que quelque chose ne va pas bien chez vous. Il y a certainement quelque chose qui cloche et c'est ce qui nous représente.

Ils ne redonneront jamais sa grandeur à l'Amérique. Ils n'en auront jamais la possibilité. Ils sont largement manipulés par les lobbyistes, par les donateurs et par les intérêts particuliers.

En passant, je connais des lobbyistes. Oui, des lobbyistes qui peuvent me faciliter n'importe quelle démarche. Ce sont des experts. Mais, vous savez quoi? Ça n'arrivera pas. Tout simplement parce que nous devons cesser de faire des choses pour certaines personnes. Ces pratiques détruisent ce pays et il faut y mettre un terme sur-le-champ.

Notre pays a besoin d'un vraiment grand leader, d'un leader qui a écrit *Le plaisir des affaires*[14]. Nous avons besoin d'un leader qui puisse nous aider à retrouver nos emplois, nos usines, nos forces armées, qui puisse prendre soin de nos anciens combattants, qui se sentent négligés. Et nous avons aussi besoin d'un meneur de jeu, d'un motivateur.

Lorsque le président Obama a été élu, je me suis dit qu'il accomplirait certainement très bien son travail et qu'il saurait se montrer un grand *cheerleader* à l'esprit motivateur pour le pays. Il était jeune, dynamique, et j'ai vraiment cru qu'il assumerait ce rôle. Vous serez d'accord avec moi pour dire que ce ne fut pas le cas. En fait, il s'est montré une force négative. Il fut tout le contraire d'un motivateur.

Nous avons besoin de quelqu'un qui défende le *label* des États-Unis et qui lui redonne sa grandeur parce qu'en ce moment, ce n'est pas le cas.

Nous avons besoin de quelqu'un qui prenne littéralement ce pays à bras-le-corps afin qu'il retrouve sa grandeur. C'est ce que je me propose de faire.

Pourtant je vous le dis : j'aime ma vie actuelle. J'ai une famille merveilleuse, dont les membres me répètent : «Papa, tu t'apprêtes à accomplir quelque chose de très difficile.» Toute ma vie j'ai entendu dire qu'une personne qui a très bien réussi et même qui a réussi plus modestement ne peut se présenter candidat à une fonction officielle, que c'est impossible. Et pourtant, c'est le genre d'état d'esprit qu'il importe d'avoir pour redonner sa grandeur à ce pays.

C'est pourquoi, mesdames et messieurs, je me présente officiellement comme candidat à la présidence des États-Unis et nous allons redonner la grandeur à notre pays. Oui, c'est possible. Notre pays a un potentiel fantastique et nous avons également ce même potentiel.

Nous avons des gens qui ne travaillent pas. Nous avons des gens qui ont perdu toute envie de travailler. Mais ils auront envie de se remettre à l'ouvrage, car le meilleur programme d'aide sociale est encore un emploi. Ils seront fiers d'eux, seront heureux de leur situation, gagneront plus d'argent qu'ils n'en ont jamais gagné, ne s'en porteront que mieux, et nous aurons un pays prospère. Voilà qui est réalisable.

Je serai le président le plus créateur d'emplois que Dieu a imaginé, je vous l'assure. Je vous ramènerai ces emplois de Chine, du Mexique, du Japon et d'ailleurs. Je vous récupérerai ces emplois et rapatrierai notre argent.

À cet instant précis – pensez-y bien –, nous devons 1,3 billion de dollars[15] à la Chine, et nous devons une somme encore plus importante au Japon. Ces gens-là s'amènent, le bec enfariné, nous prennent nos emplois et notre propre argent, qu'ils se chargent de nous prêter en retour moyennant intérêts ! Et lorsque le dollar remonte, ils font encore une meilleure affaire.

On se questionne sur le degré de stupidité de nos leaders et sur celle de nos politiciens qui permettent de telles arnaques...

Je vais vous raconter deux anecdotes sur le libre-échange, parce que je suis contre sa présente réglementation pour un certain nombre de raisons.

Premièrement, les personnes qui en négocient les accords n'ont aucune idée de ce que cela représente. Notre président en particulier. C'est un piètre négociateur. C'est lui qui a arrangé la libération du sergent Bowe Bergdahl[16], prisonnier des talibans en Afghanistan. Nous avons récupéré Bergdahl en libérant cinq assassins terroristes que tout le monde préférait voir sous les verrous. Nous avons échangé un traître de bon à rien contre cinq criminels recherchés depuis des années. Maintenant, ces terroristes sont de retour sur le champ de bataille en train d'essayer de nous descendre. Voilà le genre de négociateur que nous avons...

Regardons l'entente qu'il a prise avec l'Iran. O.K., il conclut une entente, mais Israël risque de ne plus exister bien longtemps. C'est un désastre et nous devons protéger Israël.

Je suis pour une politique de libre-échange, mais le problème avec le libre-échange est que vous devez avoir en poste des négociateurs vraiment surdoués pour traiter en votre nom. Si ceux-ci n'ont pas le talent ou le leadership nécessaire, si nous n'avons pas en poste des gens d'affaires, le libre-échange devient un cauchemar. On ne peut confier ce genre de négociations à un politicard quelconque, élu pour sa contribution à la campagne électorale de son parti. Blague à part, c'est à peu près ce qui se passe toujours…

Avec des personnes intelligentes à la barre, le libre-échange peut être une chose merveilleuse. Hélas! Nous avons là des gens stupides, peu clairvoyants, sous la dépendance d'intérêts particuliers et ça ne fonctionne pas.

La Chine se présente ici et nous balance toute sa camelote. Je l'achète pourtant. J'ai l'obligation de l'acheter pour la bonne raison que ce pays a dévalué sa monnaie de façon brillante. Ils viennent de le faire encore récemment, et personne ne se serait douté qu'ils en auraient le culot. Compte tenu de tous les problèmes que nous avons avec la Russie et tout le reste, ils tirent une fois de plus leur épingle du jeu et il nous est impossible de leur faire concurrence. Permettez-moi de vous raconter ce qui est arrivé récemment à un de mes amis, un grand industriel. Voilà quelques semaines, il m'appelle, complètement bouleversé.

Je lui demande quel est son problème.

— Tu sais que je fabrique un produit réputé? me demanda-t-il.

— Et comment! D'ailleurs je l'utilise.

— Eh bien! Je ne peux pas le vendre en Chine. Ils ne l'acceptent pas. J'ai envoyé un cargo qui a dû faire demi-tour. Ils ont invoqué des questions environne-mentales et un tas de raisons merdiques n'ayant aucun rapport avec le sujet.

— Attends, attends… Est-ce que nous sommes au courant?

— Ils font couramment cela avec d'autres fabricants, répondit-il.

— Comme ça, ils t'ont renvoyé ton cargo?

— Oui, mais j'ai pu finalement leur renvoyer à mon tour ma marchandise, après qu'ils m'ont imposé des droits de douane considérables.

— Ils ne sont pas censés agir ainsi. C'est lamentable et assez triste, conclus-je.

Bien des gens me disent que je n'aime pas les Chinois. Non, je les aime, mais leurs dirigeants sont bien plus malins que les nôtres, et nous ne pourrons pas supporter bien longtemps cette façon de procéder.

Maintenant, ils nous imposent des droits de douane lorsqu'on leur envoie des camions et d'autre matériel de transport. Demandez un peu à Boeing. Les Chinois ont exigé tous leurs brevets et tous les secrets de fabrication de cet avionneur avant de lui commander des appareils.

Attendez. Je ne dis pas qu'ils sont stupides. J'aime la Chine. Je viens juste de vendre un appartement de 15 millions de dollars à un Chinois. Pourquoi serais-je censé ne pas les aimer ? Je suis propriétaire d'une partie importante de l'immeuble de la Bank of America, au 1290 de l'Avenue of the Americas. Je l'ai acquise des Chinois. Il s'agit d'un bien immobilier de premier choix. Oui, j'aime les Chinois.

La banque la plus importante du monde est chinoise. Savez-vous où se trouve son siège social pour les États-Unis ? Dans la tour Trump, sur la 5e Avenue…

Il existe trop de disparités. C'est un peu comme si l'équipe de football des Patriots de la Nouvelle-Angleterre et leur réputé quart-arrière Tom Brady jouaient contre l'équipe de jeunots de votre école secondaire. Voilà la différence qui existe entre leurs dirigeants et les nôtres.

Ils nous arnaquent. Nous sommes en train de reconstruire la Chine et bien d'autres pays, d'ailleurs.

En Chine, on construit des routes, des ponts et des écoles à un rythme incroyable. Ils ont des ponts qui font paraître notre pont George Washington comme une construction très ordinaire. Et ils sont partout ! Nous avons toutes les cartes qu'il nous faut en main pour réussir, mais nous ne savons même pas que nous les détenons. Et tout ça, simplement parce que nos dirigeants ne comprennent pas le jeu.

Et si nous leur fermions le robinet en les taxant jusqu'à ce qu'ils changent d'attitude ?

En ce moment, ils construisent une île militaire au beau milieu de la mer de Chine méridionale. J'ai bien dit : une île militaire[17]. Notre pays ne pourrait se permettre de faire la même chose parce que nous devrions auparavant obtenir l'autorisation du gouvernement et que les écologistes ne permettraient pas que nous bâtissions sur l'océan. Oubliez ça.

Les Chinois ont construit ce port imposant en à peu près un an, et ils consolident leur puissance militaire de manière très inquiétante.

Si Daech cause des ennuis, disons-nous que nous avons d'autres problèmes avec la Chine.

Et, à mon avis, croyez-le ou non, en termes de commerce, les nouveaux Chinois sont les Mexicains.

J'ai une autre histoire, celle de Ford. Imaginez-vous que le Mexique s'approprie l'usine d'un constructeur d'automobiles qui devait s'installer au Tennessee.

Tout le monde pensait que le projet était mort. C'est du moins ce que rapportait récemment le *Wall Street Journal*. On a d'abord pensé que c'était chose faite et que l'usine serait implantée au Tennessee – dans un grand État, avec de fiers citoyens. Tout à coup, à la dernière minute, le grand constructeur d'autos annonce qu'il n'installera pas son usine au Tennessee, mais au Mexique. Pas bon, tout ça…

Ford ajoute qu'il investira deux milliards et demi de dollars dans ce pays pour y fabriquer des voitures, des camions et des pièces détachées et que l'usine sera l'une des plus importantes du monde[18].

Je connais les négociateurs les plus habiles au monde, les nuls et ceux qui sont surfaits.

Beaucoup d'entre eux le sont. On rapporte à leur propos des histoires de réussites à dormir debout pour la bonne raison que les journaux se font enfumer. Mais ce ne sont pas des réussites. Je connais les meilleurs négociateurs au monde et suis en mesure de désigner les pays où ils se trouvent. En ce qui nous concerne, nous nous débrouillons fort bien, je vous l'assure, mes amis.

Mais je ne perdrai pas mon temps avec cette question. Si j'étais président, je m'adresserais au grand patron de Ford, que je connais d'ailleurs, et je lui dirais : « Félicitations ! Je crois savoir que vous construisez une usine de deux milliards et demi de dollars au Mexique et que vous allez prendre ces voitures et les vendre aux États-Unis. Zéro impôt sur toute la ligne… N'est-ce pas ? »

On se demande alors en quoi cela peut nous aider et ce que cela peut nous apporter de bon. Rien du tout.

Je poursuivrais en ces termes : « Félicitations. Ça, c'est la bonne nouvelle. Permettez-moi maintenant de vous annoncer la mauvaise. Nous devrons vous charger un impôt de 35 pour cent pour chaque voiture, chaque camion, chaque pièce détachée fabriqués dans cette usine dès leur importation. Cet impôt devra être acquitté simultanément lors de la transaction. Un point, c'est tout. »

Si ce n'est pas moi qui suis à la barre, mais un de ces politiciens contre lesquels nous nous présentons, voici ce qui va arriver. Ils ne sont pas bêtes et savent pertinemment que cette manière d'opérer est une mauvaise chose. Cela les dérange même, peut-être, mais ils ne manqueront pas de recevoir un coup de fil de leurs donateurs, ou bien encore des lobbyistes de la société Ford, et ils se diront : «Je ne peux pas faire un coup pareil à Ford, parce que Ford s'occupe de moi et que je leur renvoie la politesse... Non, on ne peut se permettre de toucher à Ford.»

Et vous savez quoi? Pas de problème. Les gens de Ford s'en vont au Mexique et emportent avec eux des milliers d'emplois. Très mauvais pour nous. Avec le président Trump, voici ce qui arrivera : le patron de Ford me rappellera, disons une heure après que je lui aurais annoncé la mauvaise nouvelle. Peut-être se montrera-t-il plus décontracté et attendra-t-il la journée suivante pour rappeler.

Et il me dira : «S'il vous plaît, s'il vous plaît, attendez un peu...» Bref, il me suppliera de faire quelque chose et je lui répondrai : «Désolé, mais ça ne m'intéresse pas.»

Ensuite, il appellera toutes sortes de politiciens et leur transmettra la nouvelle. Je n'ai pas besoin de l'argent de qui que ce soit, et c'est très bien ainsi. Je me sers de mes fonds personnels, notamment pour ma campagne électorale. Je n'ai pas besoin des lobbyistes et ne recours pas à des donateurs. Je m'en balance. Je suis vraiment riche. Je ne dis pas cela pour me vanter. C'est plutôt un état d'esprit, la mentalité dont nous avons besoin chez nous, parce que nous avons l'intention de faire des États-Unis un pays prospère.

Certains disent que cela a l'air d'une sorte d'affairisme grossier. Ce n'est pas le cas lorsqu'on pense que nous avons 18 billions de dollars de dette[19]. Nous n'avons d'ailleurs que des problèmes : nos militaires qui sont à court de matériel partout où ils se trouvent. Notre armement nucléaire est dépassé. Nous n'avons rien, sinon notre sécurité sociale qui va s'effondrer si quelqu'un comme moi ne rapporte pas de l'argent au pays. Tous les autres gens veulent s'en débarrasser. Ce n'est pas mon intention. Je vais trouver de l'argent et nous allons la sauver.

Je vais vous dire ce qui va arriver. Après qu'une trentaine d'amis ayant financé différentes campagnes électorales m'auront appelé, après que tous les défenseurs d'intérêts particuliers, ainsi que les donateurs et les lobbyistes m'auront rejoint, ces personnes découvriront qu'elles n'ont aucune possibilité de me convaincre. Aucune.

Le jour suivant, je recevrai un appel du grand boss de Ford, qui me demandera de reconsidérer la question, et je refuserai.

Il finira alors par me dire : «Monsieur le Président, nous avons décidé de rapatrier notre usine aux États-Unis et de ne pas construire de voitures au Mexique.»

Et voilà. Ils n'auront pas le choix. Il y a des centaines de choses dans ce genre.

Je vais vous donner un autre exemple : celui de l'Arabie saoudite. Ils engrangent un milliard de dollars par jour. J'aime bien les Saoudiens. Plusieurs d'entre eux vivent dans cet immeuble. Dès qu'ils ont des problèmes, nous envoyons des bateaux de guerre pour les protéger... gratuitement[20].

Et que faisons-nous ? Ils n'ont rien d'autre que leur argent. Si la bonne personne leur demandait de payer pour ce service, ils seraient trop heureux de banquer à prix fort, car ils savent qu'ils ne seraient pas où ils se trouvent si nous n'étions pas là.

Parlons un peu de la frontière avec le Yémen[21]. Vous vous souvenez qu'Obama nous a raconté voilà un an que le Yémen représentait une grande victoire. Deux semaines plus tard, tout sautait !

Par surcroît, vous vous souviendrez peut-être qu'ils ont conservé notre matériel. Pas vrai ? Ils conservent toujours ce qu'ils nous empruntent. Nous devrions leur envoyer de la ferraille de surplus de guerres au lieu de leur faire cadeau d'armement de premier ordre et de toujours gaspiller ainsi de l'excellent matériel flambant neuf.

Mais revenons à la frontière entre le Yémen et l'Arabie saoudite. Pensez-vous vraiment que ces gens-là s'intéressent au Yémen ? Dites-vous que sans nous, l'Arabie saoudite serait fichue.

Je suis celui qui avait prévu avec justesse tout ce qui s'est passé en Irak. Regardez-moi Jeb Bush. Il lui a fallu cinq jours pour répondre à la question qu'on lui avait posée sur ce pays. Il en était incapable pour la bonne raison qu'il n'en savait rien[22].

Je me suis demandé alors s'il était intelligent. J'ai ensuite regardé du côté de Marco Rubio. Il a également été incapable de répondre. Il ne savait pas…

On se demande comment ces gens vont pouvoir nous diriger… Comment allons-nous pouvoir nous ressaisir afin de retrouver notre grandeur passée ? C'est impossible avec ces politiques qui n'ont aucune idée. Ils sont incapables de nous diriger. Ils ne sont même pas fichus de répondre à de simples questions.

L'Arabie saoudite a de gros, gros problèmes. En ce moment, grâce à la fracturation hydraulique, ils ont du pétrole en abondance. J'ai déjà mentionné à l'époque de la pire crise pétrolière que des *tankers* chargés d'huile lourde sillonnaient les mers pendant que le cartel maintenait des prix à la hausse. Une fois de plus, les Saoudiens se sont montrés plus malins que nos leaders. Ils croulent sous l'argent et nous devrions en profiter pour nous enrichir et redonner sa grandeur à notre pays.

Parce que nous avons besoin d'argent. Nous sommes agonisants. Il faut prendre des mesures, mais, pour cela, nous devons faire appel aux bonnes personnes. C'est ainsi que Ford et les autres reviendront chez nous. Ils reviendront tous. Je dirai ceci : à mon avis, cette élection devra s'articuler autour de la compétence.

L'autre jour, un reporter très sympathique m'a déclaré : « Mais, M. Trump, vous n'êtes pas une personne aimable… » En fait, c'est le contraire. Je pense l'être. Ma famille m'aime-t-elle ? Je crois que oui. Regardez, là. En passant, j'en suis très fier. Elle comprend Melania, Barron, Kai, Donny, Dunn, Vanessa, Tiffany, Jarrett, Laura et Eric ; Ivanka a accompli du bon travail aujourd'hui en me présentant. Je suis très fier de ma famille. Elle est formidable.

Donc, ce reporter me dit l'autre jour : « M. Trump, vous n'êtes pas une personne aimable. Comment pourrez-vous motiver les gens à voter pour vous ? »

«Je ne sais pas, lui ai-je répondu. *Primo*, je pense être une gentille personne. Je distribue beaucoup d'argent à des œuvres de charité et à d'autres organismes du genre. Oui, je suis en fait un monsieur très gentil, mais écoutez : cette élection se jouera sur la compétence des candidats. En effet, les gens en ont assez de ces prétendues "gentilles personnes". Ils sont fatigués de se faire rouler par tout le monde aux quatre coins de la planète et en ont ras-le-bol de dépenser plus d'argent par tête pour l'éducation que n'importe quel pays au monde[23]. »

Imaginez-vous que nous nous situons à la vingt-sixième place mondiale. Cela signifie que 25 pays ont un meilleur système d'éducation que nous et que certains d'entre eux font partie du tiers-monde ! Il faut dire que nous sommes en train de nous «tiers-mondialiser» à cause de nos infrastructures, de nos aéroports, de nos routes, de tout. Une des choses que j'ai dites est ceci : «Vous savez ce que je compte faire ? Eh bien, j'ai l'intention de le réaliser !» Plein de gens ont dit : «Pensez donc, il ne se présentera jamais à l'investiture, car il ne voudra pas abandonner son style de vie.» Ils ont raison à ce dernier chapitre, mais je me présente néanmoins.

Secundo, je suis en société privée, ce qui signifie que personne ne connaît exactement l'état de ma fortune. Lorsqu'on se présente, il faut annoncer et certifier la valeur nette de ses actifs à toutes sortes d'autorités gouvernementales. J'ai dit : «O.K., je suis fier de la valeur nette de mon patrimoine.» J'ai accompli là un travail surprenant.

J'ai commencé dans un petit bureau avec mon père, dans Brooklyn et dans Queens. C'était un fameux négociateur. J'ai appris beaucoup de choses assis à ses pieds en train de jouer aux cubes en l'écoutant négocier avec les sous-traitants. J'ai appris beaucoup de choses. «Donald, ne va pas à Manhattan. C'est pour les gars des ligues majeures. Nous ne connaissons rien de ce qui s'y passe. Laisse tomber…» me recommandait-il.

Je lui répondais: «Papa, je dois travailler dans Manhattan. Il faut que je construise ces immeubles. Il le faut.» Après avoir passé quatre ou cinq ans à Brooklyn, je me suis risqué à Manhattan où j'ai réalisé des projets très intéressants, comme celui du Grand Hôtel Hyatt. J'ai également été responsable du Centre des congrès dans le West Side.

J'ai conclu beaucoup d'affaires fabuleuses dans ma jeunesse, et maintenant je construis autour du monde et j'aime ce que je fais. Cependant, plusieurs grands pontes de la télé ont déclaré: «Donald ne se présentera jamais et l'une des raisons principales, c'est qu'il roule à son compte et qu'il ne réussit pas aussi bien que ce que le public s'imagine.»

Je me suis alors dit: «Personne n'en saura rien à moins que je me présente, car je suis vraiment fier de ma réussite. Oui, très fier.» Au cours de mon existence, j'ai employé plusieurs milliers de personnes. Cela se traduit par des soins médicaux, de l'instruction et bien d'autres choses encore[24].

Une grande société d'experts-comptables ainsi que mes propres professionnels travaillent depuis des mois sur mes états financiers. Il s'agit d'un travail complexe et considérable, et ce n'est qu'un sommaire de l'ensemble. Cependant, toutes les informations seront éventuellement transmises aux autorités gouvernementales et nous n'aurons pas besoin d'heures supplémentaires pour y arriver. Nous serons dans les délais. Hier même, on a rapporté que j'avais neuf milliards de dollars à mon actif, ce qui est inexact.

C'est une erreur. Il ne s'agit pas à proprement parler d'actif.

Pour résumer, je dirai ceci: j'ai accumulé ces biens selon la bonne vieille méthode, dans l'immobilier. Cela implique des travailleurs et des syndicats, du bon et du moins bon, et d'un tas de gens qui ne sont pas syndiqués, dans l'ensemble du pays comme partout dans le monde. Oui, je possède des biens. Ma firme d'experts-comptables, l'une des plus réputées, parle d'un actif de 9,24 milliards. J'ai aussi un passif d'environ 500 millions, des dettes à long terme à des taux d'intérêt très bas.

En fait, une des grandes banques m'a approché et m'a dit : «Donald, vous n'avez pas suffisamment de découvert. Nous pourrions vous avancer quatre milliards...» Je leur ai répondu : «Je n'en ai pas besoin. Je n'en veux pas. J'ai déjà donné. Non, merci.»

En quelques secondes, ils étaient prêts à me donner ce que je leur aurais demandé. Il faut dire qu'avec l'augmentation, je représente une valeur largement supérieure à 10 milliards, mais ma «valeur» nette – pas mes avoirs – représente en réalité quelque 8 737 540 000 $.

Je ne dis pas ça pour me vanter. Vous savez quoi? Eh bien, croyez-moi ou non, je n'ai pas besoin de me faire mousser. Si je vous parle finances, c'est que notre pays a besoin de penser en ces termes... et nous avec. Malheureusement, c'est tout le contraire.

Nous avons une bande de *losers*, de gens parfaitement nuls, de gens corrompus sur le plan moral, des incapables qui sont en train de vendre notre pays à vil prix.

La seule raison pour laquelle je vous parle de tout ça aujourd'hui est que nous devons vraiment nous ressaisir, car si nous devions avoir trois ou quatre années comme la dernière, nous n'accuserions pas un déficit de 18 billions de dollars, mais bien de 20 billions !

Selon les économistes, des gens en lesquels je n'ai pas grand foi, mais c'est mon opinion, nous serions près du point de non-retour, qu'ils estiment se situer à 24 billions de dollars[25]. N'ayez crainte, nous frôlons ce chiffre. Ensuite, nous deviendrons comme la Grèce, autrement dit un pays irrécupérable. Nous nous approchons de ce désastre, je vous l'assure.

Pour résumer, je me propose d'entreprendre plusieurs choses dans les plus brefs délais.

D'abord, j'abolirai et remplacerai ce grand mensonge qu'est l'Obamacare.

Je construirai un grand mur – et croyez-moi, personne ne construit de meilleurs murs que moi – à notre frontière méridionale. Il ne coûtera rien, puisqu'il sera édifié aux frais du Mexique. Prenez ma parole.

Personne ne se montrera plus inflexible avec Daech que Donald Trump. Ils peuvent compter là-dessus.

Je trouverai au sein de nos forces militaires un nouveau général du style de Patton et de MacArthur, un gars capable de prendre en main les trois armes et de les rendre vraiment efficaces. Personne ne nous intimidera plus.

J'interdirai à l'Iran d'avoir des armes nucléaires et nous ne ferons pas appel à un homme comme le secrétaire d'État John Kerry, qui n'a absolument aucune idée de ce que sont les négociations, qui a conclu une entente risible et lamentable alors qu'à peine signée, les Iraniens se sont mis à fabriquer des engins. Pour ajouter la cerise sur le gâteau, il prend part à une course de vélo à soixante-douze ans, chute et se casse la jambe. C'est le genre de choses que je ne ferais pas. Je vous promets de ne jamais faire de courses de vélo. C'est juré[26].

Je mettrai immédiatement un terme à l'illégal décret présidentiel d'Obama sur l'immigration[27].

J'appuie et défends le deuxième amendement de la Constitution américaine, soit le droit de porter des armes.

À cause de la stupidité du personnel, deux dangereux meurtriers se sont évadés d'une prison à sécurité maximale, et personne ne sait où ils se trouvent[28]. Une dame qui habite dans la région où est situé ce pénitencier m'a déclaré ce matin à la télévision : « Vous savez, M. Trump, j'ai toujours été contre les armes à feu. Je n'en voulais pas. Mais depuis que ces événements se sont produits, mon mari et moi sommes d'accord, car il était favorable à cette idée. Nous avons maintenant une arme à feu sur chacune de nos tables et nous sommes prêts à tirer… »

Je lui ai répondu que c'était très intéressant.

Par conséquent, protégeons le deuxième amendement.

Mettons un terme au tronc commun[29]. C'est un désastre. L'instruction publique doit être locale. Bush est complètement en faveur du tronc commun.

Je ne vois vraiment pas comment il pourrait obtenir une nomination. Il est faiblard sur les questions d'immigration et il est en faveur du tronc commun. Comment pourriez-vous voter pour un tel bonhomme ? Non, vous ne pouvez pas.

Personne d'autre que moi ne peut reconstruire les infrastructures du pays. Croyez-moi, ce sera fait dans les délais, dans les limites du budget, à des tarifs planchers, à un prix de revient bien plus bas que prévu.

Je regarde les routes que l'on construit dans le pays et ne crains pas d'affirmer être capable d'en faire autant pour un tiers du coût, car ce qu'ils font est incroyable. Salut les dégâts !

Nous sommes en train de construire sur Pennsylvania Avenue, sur le site de l'ancien bureau de poste, l'un des plus fameux hôtels du monde[30]. Ce sera en tout cas le meilleur hôtel de Washington, D.C. C'est sous le mandat d'Obama que nous avons obtenu ce contrat de l'Administration des Services généraux, une agence du gouvernement américain. Il s'agissait d'un projet parmi les plus convoités de l'histoire de cette administration.

Oui, nous l'avons décroché et certaines personnes ont été choquées que ce soit Trump qui ait obtenu le projet. On nous a retenus pour deux raisons. *Primo* : nous sommes excellents. *Secundo* : nous avions vraiment un très bon plan. J'ajouterai un *tertio* : nous leur avons présenté des états financiers de première classe. L'Administration des Services généraux – entre parenthèses, un organisme composé de personnes futées et pleines de talents – tenait à ce que nous accomplissions un travail impeccable et voulait avoir l'assurance qu'il serait mené à terme.

Donc il nous faut reconstruire nos infrastructures, nos ponts, nos routes, nos aéroports.

Lorsque vous arrivez à l'aéroport LaGuardia, on se croirait dans un pays du tiers-monde. Tout est rapiécé et le plancher a quarante ans[31].

Lorsque je reviens de Chine, du Qatar et autres endroits du genre, je constate qu'ils ont les aéroports les plus incroyables. Vous rentrez chez vous et vous trouvez que ça fait pitié, que nos aéroports sont dans un état désastreux. Oui, nous devons reconstruire nos infrastructures.

Il nous faut sauvegarder l'assurance maladie, Medicaid, sans effectuer de compressions budgétaires. Il le faut.

Il importe de se débarrasser de la fraude, du gaspillage et des abus, et de sauvegarder des choses que les citoyens ont financées au fil des années. Maintenant, nombreux sont les candidats qui veulent les supprimer. Nous épargnerons en reconstruisant les États-Unis, en nous enrichissant, en récupérant tout l'argent perdu.

Renégocions nos accords internationaux de libre-échange.

Réduisons notre déficit de 18 billions parce que, croyez-moi, nous nous trouvons dans une bulle et nos taux d'intérêt sont artificiellement bas. Nous avons un marché des valeurs mobilières qui, franchement, m'a été favorable, quoique je n'aime vraiment pas ce qui se passe. Notre marché boursier est gonflé. Attention à cette bulle, car ce que vous avez vu dans le passé n'est rien à côté de ce qui pourrait arriver dans le futur. Il importe donc de faire preuve de la plus grande prudence.

Et n'oublions pas de consolider nos forces militaires et de prendre soin de nos anciens combattants. C'est très important.

Hélas ! Le grand rêve américain est mort. Toutefois, si je suis élu à la présidence, je vais redonner vie à ce rêve afin qu'il redevienne plus grand, plus fort et plus inspirant que jamais. Ensemble, nous redonnerons sa grandeur à l'Amérique !

Merci beaucoup.

NOTES DE FIN DE CHAPITRE

1. **Le slogan de campagne de Donald Trump**. Rappelant le slogan de Ronald Reagan, celui de la campagne présidentielle de 2016 de Trump est *Redonnons sa grandeur à l'Amérique*. Il le présenta le 19 novembre 2012 et l'enregistra le 14 juillet 2015 sous le numéro 4773272, afin que d'autres politiciens ne s'en servent pas. Tout comme pour sa plateforme politique, la philosophie de sa campagne se retrouve dans trois ouvrages : *The America We Deserve* – « L'Amérique que nous méritons » – (Renaissance Books, 2000) ; *Time to Get Tough : Making America # 1 Again* – « C'est le moment de nous montrer inflexibles ! Redonnons sa grandeur à l'Amérique » – (Regnery Publishing, 2011) ; et *Crippled America : How to Make America Great Again* – « L'Amérique estropiée. Comment rendre sa grandeur à l'Amérique » – (Threshold Editions, 2015).

2. **La tour Trump.** Elle fut terminée en 1983. Située à New York entre la 56ᵉ Rue Est et la 57ᵉ, elle comprend 68 étages. Les 26 premiers sont des bureaux luxueux. Les 27ᵉ et 28ᵉ sont ceux de Donald Trump. Du 30ᵉ au 68ᵉ étage, on trouve des appartements avec entrée privée. La tour comprend un grill, un café, un bar, une boutique de souvenirs et un magasin de détail. (Source : *www.TrumpTowerNY.com*)

Dans *Trump : The Art of the Deal* – « Le plaisir des affaires » – (Random House, 1987), on peut lire ce passage de l'auteur : « En fin de compte, la tour Trump représenta pour moi davantage qu'une autre bonne affaire. J'y travaille, j'y vis et j'éprouve un sentiment vraiment particulier pour ce lieu. C'est cet attachement personnel qui m'a poussé à racheter les parts de mon associé, la société L'Équitable, en 1986. »

Donald Trump est donc le seul propriétaire de la tour et son nom est inscrit en lettres majuscules au-dessus de l'entrée de l'édifice.

3. **Immigration mexicaine.** Dans le *Washington Post* en date du 23 août 2015, le chroniqueur George Will, qui cite Donald Trump dans un article intitulé «Ils doivent faire leurs valises», écrit: «Les 11,3 millions d'immigrants illégaux ont ces caractéristiques: 88 pour cent d'entre eux résident aux États-Unis depuis au moins cinq ans. Sur les 62 pour cent qui y vivent depuis au moins 10 ans, environ 45 pour cent possèdent leur propre maison. À peu près la moitié ont des enfants nés ici et, par conséquent, ce sont des citoyens américains. Dara Lind, du réseau Fox, rapporte pour sa part qu'au moins 4,5 millions d'enfants ayant la nationalité américaine ont au moins un parent qui est un immigrant illégal. Le chroniqueur du *Washington Post* fait remarquer, non sans ironie, que, pour Trump, quand on veut on peut, mais que l'homme d'affaires veut que l'Amérique puisse voir grand. Les coûts élevés en temps et en dollars (des centaines de milliards) de son projet pourraient se trouver réduits si, disons, on exigeait des personnes ciblées qu'elles se cousent une pièce de tissu jaune sur leurs vêtements pour annoncer leur déportation prochaine. «Il y a eu des précédents», conclut le journaliste.

4. **Un hôtel pour les terroristes**. La nouvelle a été annoncée par PolitiFact.com. L'article, signé Lauren Carroll et daté du 16 juin 2015, s'intitulait: «Donald Trump prétend que Daech a construit un hôtel en Syrie». En vérité, l'État islamique (EI) n'a fait que faire main basse sur un hôtel de luxe et ne l'a donc pas construit. De plus, cet établissement ne se trouve pas en Syrie et ne fonctionne pas comme un hôtel normal. Nous n'avons pu avoir la preuve que l'EI exploite un quelconque hôtel en Syrie. Nous avons tenté d'entrer en contact avec un porte-parole de Donald Trump, qui ne nous a jamais rappelés. Toutefois, on sait qu'en mai l'EI a rouvert un hôtel cinq étoiles à Mosul, qu'il avait fermé en occupant la ville. L'EI n'a donc pas construit l'hôtel Ninawa International, l'un des plus importants d'Irak. Il s'est contenté de l'occuper. Par ailleurs, l'établissement n'est pas véritablement ouvert au grand public. Aux dernières nouvelles, le groupe terroriste utilise cet hôtel de 262 chambres pour loger ses cadres et l'utilise peut-être comme un lieu de mariage.

5. **Le coût de la guerre en Irak.** Selon l'agence Reuters (analyse de Daniel Trotta du 14 mars 2013), la guerre en Irak a coûté 1,7 billion de dollars aux États-Unis plus 490 milliards supplémentaires versés au bénéfice des anciens combattants. Une étude publiée récemment montre que ces dépenses pourraient atteindre les 6 billions de dollars au cours des quatre prochaines décennies en comptant les intérêts.

6. **Pertes américaines au cours des guerres d'Irak et d'Afghanistan.** Dans un rapport de Catherine Lutz, du Watson Institute for International Studies de l'Université Brown, en date du 21 février 2013, on trouve ceci : « Les Forces armées américaines ont soigneusement dénombré le nombre de leurs militaires morts au cours des guerres en Irak et en Afghanistan. Au 14 février 2013, ces pertes s'élevaient à 6656 personnes.

7. **L'EI s'approprie pour un milliard de dollars de *Humvees* abandonnés**. Un quotidien britannique, le *Guardian*, rapportait le 31 mai 2015, dans un article intitulé « L'État islamique fait main basse sur 2300 véhicules blindés *Humvee* », que le ministre Haider al-Abadi a annoncé dimanche qu'au cours de son offensive sur Mosul, au nord de l'Irak, les Forces de sécurité de l'Irak avaient perdu tous ces véhicules. Le journal précise qu'il est difficile de chiffrer une telle perte parce que tout dépend de l'armement et de l'équipement de ces tout-terrains. Il note que le Département d'État américain avait approuvé la vente possible à l'Irak de 1000 *Humvees* comportant un blindage renforcé, des mitrailleuses, des lance-grenades et d'autre matériel tactique, le tout évalué à 579 millions de dollars. On peut donc en déduire que 2300 *Humvees* équipés de façon similaire coûteraient 579 000 $ l'unité, soit 1,3 milliard de dollars pour l'ensemble, et que nombre de ces véhicules ont été abandonnés par les Irakiens en déroute. Le journal relève également que les jihadistes ont récupéré des munitions et d'autre matériel lorsque plusieurs divisions irakiennes sont parties en débandade dans le nord du pays, en abandonnant leur armement et leurs uniformes dans

leur hâte de fuir. L'EI a utilisé des *Humvees* fournis par les États-Unis à l'Irak et en a modifié plusieurs pour en faire des voitures piégées utilisées par des kamikazes.

8. **Le produit intérieur brut des États-Unis.** Le Bureau des analyses économiques [*www.bea.gov/newsreleases/national/gdp/2015/gdp2q15_adv.htm*] a publié un communiqué le 30 juillet 2015 dans lequel il est mentionné que le produit intérieur brut – c'est-à-dire la valeur de la production des biens et services des États-Unis, ajustée aux changements de prix – avait augmenté de 2,3 pour cent au cours du second trimestre de 2015, « selon les estimations prévisionnelles publiées par cet organisme ». Au premier trimestre, le PIB réel révisé s'élevait à 0,6 pour cent.

9. **Le chômage.** Scott Neuman, de National Public Radio (NPR), a déclaré le 7 août 2015 que le taux fixe de chômage avait été réduit grâce à la création de 215 000 emplois le mois dernier, un chiffre très près des prévisions des économistes. Le taux de chômage demeure pour sa part inchangé, s'établissant à 5,3 pour cent. Le 16 juin 2015, le documentaliste Louis Jacobson et la vérificatrice Angie Drobnic Holan, de PolitiFact.com, ont passé au crible les affirmations de Donald Trump. Ils s'inscrivent en faux contre ses affirmations et font remarquer qu'il incorpore dans ses statistiques le sous-emploi, ce qui fait bondir les chiffres. Ils concluent : « Même si on lui accordait le bénéfice du doute, Trump est à côté de la plaque. Le taux de chômage le plus élevé recensé par le gouvernement est de 10,8 pour cent, soit environ la moitié de ce qu'il prétend. Si l'on essaie de trafiquer les chiffres en incluant les Américains qui ne figurent dans aucune statistique officielle, il est impossible de dépasser les 16 pour cent. Et encore… Il faut vraiment se forcer. Ce chiffre est bien plus bas que celui que Trump nous donne. Aussi, nous le déclarons inexact. »

10. **Notre arsenal nucléaire vieillissant.** Dans le *Los Angeles Times* du 8 novembre 2014, sous le titre « Notre arsenal nucléaire vieillissant nous coûte de plus en plus cher », les journalistes

Ralph Vartabedian et W.J. Hennigan expliquent que le stock d'armement nucléaire du pays a été réduit de 85 pour cent depuis l'époque la plus critique de la guerre froide, il y a une cinquantaine d'années, mais que le département de l'Énergie dépense neuf fois plus d'argent sur les armes qui restent. L'arsenal nucléaire coûtera 8,3 milliards au cours de la présente année budgétaire, soit 30 pour cent de plus que pendant la dernière décennie. Le journal cite Roger Logan, un spécialiste nucléaire chevronné qui a pris sa retraite en 2007 du Lawrence Livermore National Laboratory. Pour ce savant: «Nous n'obtenons pas suffisamment de résultats pour l'argent que nous investissons dans ce secteur et nous dépensons beaucoup trop pour ce dont nous avons besoin. Tout le système nous a joué des tours.» Le journal cite également un haut gradé de l'Aviation américaine, l'ancien chef d'état-major et général quatre étoiles Norton A. Schwartz. Selon ce dernier, la modernisation ne s'effectue pas de la bonne manière, la perception que les autres pays ont de la puissance américaine est menacée et, par conséquent, notre sécurité nationale également.

11. L'augmentation des cotisations à l'Obamacare. Dans le magazine *Forbes* du 10 juin 2015 dans un article intitulé «Pourquoi les tarifs de l'Obamacare augmenteront-ils autant en 2016?», Robert Laszewski, président de Health Policy and Strategy Associates LLC de Washington, D.C., se pose les questions suivantes: «Au lieu d'augmentations modérées pendant encore une année, des hausses de tarification majeures ont commencé à se faire sentir. Texas Blue Cross ne demande "seulement" qu'une augmentation de 20 pour cent; CareFirst Blue Cross, au Maryland, 34 pour cent sur son projet PPO (Preferred Provider Organization Plan) et 26,7 pour cent pour son projet HMO (Health Maintenance Organization Plan); en Oregon, Moda exige une majoration de 25,6 pour cent et LifeWise, 38,5 pour cent; au Tennessee, Blue Cross Blue Shield réclame 36,3 pour cent d'augmentation et Humana, 15,8 pour cent; en Géorgie, Humana a haussé ses cotisations pour les projets individuels de 19,44 pour cent; au Kansas, on signale des augmentations pouvant atteindre les 38 pour cent et, en Pennsylvanie, Highmark exige 39,65 pour cent et Geisinger HMO, 58,4 pour cent.

12. Frais de mise en place du site Internet d'Obamacare. Bloomberg.com déclare : « Si l'on en juge une analyse que nous avons effectuée sur les contrats relatifs à ce projet, les frais d'inscription à Obamacare ont coûté à ce jour 2 milliards de dollars. Cette étude a été dévoilée par Alex Wayne le 24 septembre 2014. Notons que ce site Internet fonctionne normalement.

13. Évaluation d'Obamacare par le corps médical. Un sondage réalisé auprès de 20 000 médecins indique que 46 pour cent d'entre eux décernent une note D ou F à l'assurance maladie Obamacare, et 25 pour cent un A ou un B. On retrouve ces données dans Healthline.com le 14 avril 2015, sous la plume de David Mills. L'article s'intitule : « Est-il vrai que les docteurs ont Obamacare en horreur ? »

14. *Le plaisir des affaires.* Il s'agit du premier succès de librairie du milliardaire. Intitulé *Trump : The Art of the Deal* en version originale, il est demeuré pendant 51 semaines sur la liste des *best-sellers* du *New York Times*. Publié par Random House comme un livre professionnel sous couverture rigide en 1987, Publishers Weekly l'a qualifié de « récit personnel vantard, quoique désarmant comme celui d'un jeune garçon. Il nous entraîne dans le monde de la finance, du développement et des fabuleuses affaires de l'immobilier new-yorkais. » Le critique souligne que le premier tirage de ce livre s'est élevé à 135 000 exemplaires. Le *Library Journal* remarque pour sa part qu'il s'agit d'un livre fascinant parce qu'incroyable. « À 41 ans, Trump, le fils d'un promoteur de maisons de rapport pour la classe moyenne du Queens, préside un conglomérat dont l'actif s'élève à des milliards, peut-on y lire. Le monde de Trump se compose d'une série de coups fumants et d'affaires, hyper fabuleuses selon ses dires. Trump semble être un entrepreneur rusé et également un exhibitionniste. »

15. La dette extérieure. Dans un article non daté paru sur About.com et intitulé « Quelle est vraiment la dette des États-Unis envers la Chine ? » et signé Tom Murse, ce dernier écrit : « Des gouvernements étrangers détiennent environ 46 pour cent de toutes les dettes américaines détenues par le public, soit plus de 4,5 billions de dollars. Selon la Trésorerie, le plus grand créancier des États-Unis est la Chine, qui gère une dette d'environ 1,2 billion en espèces, en traites et en bons. Mais il existe d'autres grands créanciers étrangers, dont le Japon, qui détient une dette de 912 milliards ; le Royaume-Uni, de 347 milliards ; le Brésil, de 211 milliards ; Taïwan, de 153 milliards ; et Hong Kong, de 122 milliards. Ces chiffres datent de 2011.

16. Bowe Bergdahl. Dans un article du 31 mai 2014 dont le titre est « Le soldat américain Bowe Bergdahl est libéré par les talibans à l'occasion d'un échange de prisonniers », Eric Schmitt et Charlie Savage, du *New York Times*, racontent comment l'unique prisonnier de guerre américain du conflit afghan a été remis aux forces militaires américaines en échange de cinq talibans détenus à Guantanamo, Cuba, y compris deux importants commandants reliés à des opérations au cours desquelles des Américains et des soldats alliés ont été tués. Ces chefs talibans sont également accusés d'avoir massacré des milliers de shiites en Afghanistan.

17. L'île militaire chinoise. Un article du *Washington Post* en date du premier juillet 2015, signé Simon Denyer et intitulé « La Chine construit une île en un temps record pour des raisons stratégiques », annonce ceci : « De nouvelles photos prises par satellites au cours de la semaine montrent que la Chine est en train de construire ce qui paraît être une île militarisée sur du terrain repris à la mer de Chine méridionale – une nouvelle susceptible de causer des inquiétudes aux États-Unis et dans les pays voisins. […] Le 16 juin, le ministère des Affaires étrangères chinois a annoncé que ces travaux "étaient principalement de nature civile, mais qu'ils concerneront également la défense militaire du pays". »

Dans un exposé présenté sur le réseau CNN le 27 octobre 2015 par Jim Sciutto et Katie Hunt sous le titre «La Chine déclare avoir suivi les évolutions d'un navire de guerre américain en mer de Chine méridionale», ils rapportent les propos de Lu Kang, porte-parole du ministère chinois des Affaires étrangères, qui déclare entre autres : "Si quelque pays s'imaginait qu'en recourant à des artifices il serait en mesure de faire de l'obstruction ou même d'empêcher la Chine de s'engager dans des activités légitimes et légales dans ses propres territoires, je voudrais suggérer à ces pays de cesser de rêver. En fait, si de telles entités insistaient pour créer des tensions dans la région et chercher des querelles pour rien, la Chine serait forcée d'en conclure que nous devons renforcer nos capacités d'intervention dans les plus brefs délais. Je conseille aux États-Unis de ne point créer un tel effet Pygmalion. »

18. **La compagnie Ford.** «La compagnie Ford a déclaré vendredi qu'elle dépensera 2,5 milliards de dollars pour construire au Mexique une nouvelle génération de moteurs et de transmissions permettant des économies de carburant. Trois mille huit cents emplois seront créés. En réaction à cette nouvelle, le syndicat américain de l'auto UAW (United Auto Workers) rétorque que l'idée de créer des emplois au Mexique plutôt qu'aux États-Unis constituera un important sujet de discussion lors des pourparlers qu'il a l'intention d'avoir avec Ford, General Motors et Fiat-Chrysler. » Ce texte est paru sur le fil de Reuters.com le 17 avril 2015 sous le titre «L'implantation par Ford d'une usine de 2,5 milliards dollars au Mexique soulève la colère des travailleurs du syndicat de l'auto». Il est signé Luis Rojas et Bernie Woodall.

19. **La dette des États-Unis.** Le 26 avril 2015, dans un article intitulé «Quelle est la part de chaque contribuable par rapport à la dette fédérale?», Alan Joel, du site TaxPolitix.com, décrit la situation des États-Unis par rapport à leur dette nationale en ces termes : «Est-on en droit de se demander si la dette ne deviendra pas ingérable, à moins que Washington n'agisse rapidement? Je crois que la réponse à cette question se situe entre " absolument" et "très probablement", car il nous est impossible de contourner les lois de l'économie. Si nous continuons d'accumuler des dettes, si nous négligeons les signaux d'urgence qui se manifestent et si nos dirigeants maintiennent le statu quo, nous devrons en assumer les conséquences.»

20. **Le pétrole d'Arabie saoudite.** «L'Arabie saoudite a secrètement augmenté sa production de pétrole en la faisant passer à 9,8 millions de barils par jour, soit le plus haut niveau depuis octobre dernier, dans le but de récupérer sa part du marché dans la guerre des prix qu'elle mène contre les exploitants américains d'huile de schiste. Au cours d'une conférence donnée dans son pays, Khalid-al-Falih, le chef de la direction de l'Aramco, la pétrolière nationale saoudienne, a déclaré : "L'offre et la demande ainsi que les lois de l'économie s'appliqueront. Il faudra du temps pour que les surplus de pétrole se résorbent."» (Extrait d'un article d'Andrew Critchlow paru sur le site Telegraph.co.uk. le 27 janvier 2015, et intitulé : «L'Arabie saoudite augmente sa production de pétrole afin de battre en brèche les producteurs d'huile de schiste des États-Unis.»)

21. **Le Yémen.** Le 22 mars 2015, CBS News publiait un communiqué dont le titre était «La crise au Yémen provoque un retrait américain et une réunion urgente des Nations Unies». Le texte poursuivait : «Le Conseil de sécurité des Nations Unies tiendra une réunion d'urgence dimanche afin de discuter de la détérioration de la situation au Yémen. [...] On craint en effet que le Yémen, un pays qui a réalisé son unité seulement en 1990 et qui est le plus pauvre du monde arabe, ne sombre dans une autre guerre civile. La présence possible d'un groupe inféodé

à Daech complique la situation puisque al-Qaïda et les extrémistes qui détiennent le tiers de l'Irak et de la Syrie sont déjà des rivaux. »

22. Jeb Bush sur la guerre en Irak. Lors du premier débat des républicains pour la course à la présidence, Jeb Bush, l'ancien gouverneur de la Floride, a déclaré à Megyn Kelly, qui l'interrogeait sur la guerre en Irak : « Sachant ce que nous savons maintenant, tenant compte des erreurs de jugement qui ont été commises et ayant négligé de placer la sécurité au premier plan lorsque nous avons envahi le pays, je considère cela comme une erreur. Je ne me serais pas lancé dans une telle opération. (Débat présidentiel républicain, diffusé sur les ondes du réseau câblé Fox, le 6 août 2015.)

23. Frais d'éducation publique aux États-Unis. « Les États-Unis dépensent chaque année davantage que tout autre pays développé pour l'éducation de sa jeunesse. Malgré tout, les écoliers et les étudiants américains sont à la traîne de leurs condisciples des pays participants lors des tests internationaux. En 2010, les États-Unis ont dépensé plus de 11 000 $ par écolier à l'élémentaire et 12 000 $ au secondaire. Lorsque les chercheurs ont incorporé les frais inhérents à l'enseignement de niveau collégial et professionnel, ils ont constaté que les États-Unis dépensaient au-dessus de 15 171 $ pour chaque élève dans le système, c'est-à-dire davantage que n'importe quelle nation figurant dans le rapport. » (Source : CBSnews.com du 25 juin 2013 commentant la publication *Regards sur l'éducation en 2013 : Les indicateurs de l'OCDE.*)

Ainsi, en mathématiques, les États-Unis se classent trente-cinquièmes sur soixante-quatre pays et vingt-septièmes en sciences. Le 2 février 2015, Drew DeSilver titrait sur le site PewResearch.org : « Les élèves américains s'améliorent – lentement – en mathématiques et en sciences, mais sont tout de même à la traîne sur le plan international. »

24. L'emploi dans l'Organisation Trump. CNN rapporte que «l'Organisation Trump emploie 22 000 personnes. Toutefois, Trump possède également un certain nombre de sociétés comptant moins de 500 employés. Cela veut dire que, selon la définition du gouvernement fédéral, il se qualifie comme propriétaire de petite entreprise.» (Source : FactCheck : «Donald Trump est-il un petit commerçant?» Par le personnel du bureau de CNN, CNN politics.com, le 5 octobre 2012.)

25. Une dette nationale en pleine croissance. «La semaine dernière, la dette nationale dépassait les 18 billions. Cela veut dire 124 000 $ pour chaque foyer américain et 56 378 $ par personne. Il a fallu au pays 205 années pour accumuler son premier billion de dettes en 1981, mais il ne nous a fallu que 403 jours pour accumuler notre plus récent billion. [...] Pour simplement honorer leurs obligations immédiates, l'an dernier, les États-Unis ont versé 430 milliards d'intérêts. [...] Imaginons que les intérêts s'élèvent de cinq pour cent [...] Cela voudra dire que nous devrons près d'un billion de dollars en intérêts seulement. Cela représente environ les deux tiers du total de ce que le gouvernement fédéral empoche en impôts sur le revenu!» (Source : InformationStation.org, «La dette des États-Unis s'élève maintenant à 18 billions de dollars», le 5 décembre 2014.)

26. John Kerry, le «coureur cycliste». John Kerry ne prenait pas part à une course cycliste. Tel que l'expliquait le journal britannique *The Guardian*, il s'est cassé la jambe lors d'une promenade en heurtant la bordure d'un trottoir à Scionzier, en France. (Source : The Guardian.com, le 31 mai 2015.)

27. La politique d'immigration d'Obama. Pour le compte du Debate Club, *U.S. News* a soulevé la question suivante : le décret présidentiel d'Obama sur l'immigration est-il légal? *U.S. News* a expliqué qu'à l'occasion d'une allocution prononcée la veille, le président Barack Obama avait annoncé une série de décrets présidentiels qui éviteront à quelque cinq millions de personnes immigrées clandestinement de se faire déporter. « Il existe des gestes que je suis en droit de décider en ma qualité de président, a-t-il dit. Mes prédécesseurs, démocrates comme républicains, ont pris des décisions similaires qui permettent à notre système d'immigration d'être plus équitable et plus juste. » Au terme de ce projet, certaines personnes sans papiers, y compris celles qui ont des enfants qui sont citoyens américains ou résidants légaux, auront la possibilité d'obtenir un permis de travail. Il n'a toutefois pas étendu cette mesure de protection contre la déportation aux parents des enfants qui bénéficient déjà de son programme précédent s'adressant à ceux que l'on surnomme « les Rêveurs », c'est-à-dire les personnes ayant été amenées illégalement dans le pays durant leur enfance. (Source : USNews.com, Debate Club, non daté.)

28. **Les prisonniers évadés.** Richard Matt et David Sweat se sont évadés du pénitencier Clinton, à Dannemora, État de New York, avec la complicité de certains membres du personnel. Après avoir tenté de se diriger vers le Canada, ils ont été repris. Matt a été abattu, et Sweat blessé et renvoyé en prison. Condamnés pour meurtres, ces prisonniers en cavale étaient considérés comme armés et dangereux, ce qui inquiétait grandement la population de la région.

29. **Le Common Core State Standards Initiative.** L'Initiative étatique des normes du tronc commun cherche à aligner plusieurs programmes d'études étatiques en suivant le principe de la réforme normative standardisée de l'éducation. Fondée sur les meilleurs programmes d'études étatiques, cette initiative américaine assure des objectifs d'apprentissage clairs et cohérents permettant de préparer les élèves à l'université, à la pratique d'une carrière et à la vie en général. Les normes définissent clairement ce que les élèves doivent apprendre à chacun des niveaux scolaires, de façon que parents et maîtres puissent suivre et encourager leurs progrès.

Les normes sont :

1. fondées sur la recherche et la preuve ;

2. claires, compréhensibles et cohérentes ;

3. alignées sur les attentes des universités et des entreprises ;

4. fondées sur un contenu rigoureux et sur l'application de connaissances acquises ;

5. établies sur les points forts et sur les leçons des meilleurs et des plus récents programmes d'éducation étatiques ;

6. documentées grâce aux résultats obtenus par les pays les plus performants, afin de préparer les élèves à réussir dans le cadre de notre économie et de notre société.

(Source : CoreStandards.org)

30. **La transformation par Trump de l'ancien bureau de poste de Washington.** « Le 27 mai 2014, le *New York Times* expliquait que 80 entrepreneurs s'intéressaient à la rénovation de cet édifice et qu'une dizaine d'entre eux avaient soumissionné officiellement. En août dernier, l'organisme gouvernemental a signé un bail de 60 ans avec l'Organisation Trump, pour rénover et convertir l'immeuble historique en un hôtel de luxe. Trump prend officiellement possession de l'immeuble samedi et commencera les travaux prévus, qui sont de l'ordre de 200 millions. L'entente comprend des options incluant la possibilité de prolonger le bail de 20 ans. » (Source : Eugène L. Meyer, nytimes.com, daté du 27 mai 2014.)

31. **L'aéroport LaGuardia en décrépitude.** Le 27 juillet 2015, le *New York Times* annonçait la nouvelle suivante : « Le gouverneur de l'État de New York, Mario M. Cuomo, a déclaré que l'aéroport LaGuardia sera complètement reconstruit d'ici 2021, dans le cadre d'un projet de remplacement complet de ses installations actuelles. Le promoteur Joseph Sitt, de Global Gateway

Alliance, a affirmé qu'il s'agissait là d'une bonne nouvelle pour les quelque 117 millions de passagers qui empruntent annuellement les aéroports de la métropole, et pour une économie qui compte sur les installations aéroportuaires, qui sont génératrices d'activités représentant plus de 50 milliards de dollars. » (Source : Patrick McGeehan, le 27 juillet 2015.)

TRUMP ET LA POLITIQUE

L'AVORTEMENT

« Il y a certaines choses qui, je pense, ne peuvent être négociées. Je serai clair : je suis pro-vie, et les personnes qui pensent comme moi trouveront que je suis loyal envers elles comme je le suis envers les autres. J'ai l'intention de nommer des juges qui éprouvent le même sentiment que moi. »

Source :
« CITY ROOM ; Trump on abortion, Swearwords and Handshakes » (*Trump et l'avortement – Jurons et poignées de main*), par Michael Barbaro, *The New York Times*, le 3 mai 2011.

[*http:query.nytimes.com/gst/fullpage.html?res=9A03EED 71F30F930A35756C0A9679D8B63*].

Mise en contexte :
Comme ses critiques le font remarquer, la position de Trump à l'égard de l'avortement a changé de pro-choix à pro-vie lorsque la question a cessé d'être un concept abstrait pour devenir une histoire personnelle. Ainsi qu'il l'expliquait à David Brody, de *Brody File* (blogues de CBN News du 8 avril 2011) : « Il y a une chose chez moi. C'est que je suis un type très honorable. Je suis pro-vie. J'ai changé d'opinion il y a quelques années.

L'une des raisons pour cela est que la femme d'un de mes amis, dûment marié, était enceinte. Or lui ne voulait pas vraiment du bébé et me racontait son histoire en pleurant. Finalement, l'enfant a fini par venir au monde et, pour mon ami, ce bébé est devenu aussi précieux que la prunelle de ses yeux. C'était l'événement le plus fantastique qui pouvait lui arriver. Imaginez-vous donc, un enfant non voulu… C'est en entendant ce témoignage et bien d'autres que je suis devenu pro-vie. Ces témoignages m'ont changé. Oui, ils ont absolument changé ma vie.»

L'AMÉRIQUE : UN DÉPOTOIR

«Lorsque le Mexique nous envoie ses gens, dites-vous bien qu'ils ne nous envoient pas la crème. Ils nous parachutent des gens avec une foule de problèmes et ces derniers importent ces problèmes chez nous. Ils nous envoient des drogués, des criminels, des violeurs. Cela dit, je suppose qu'on trouve aussi de braves gens parmi eux.»

Source :
«Transcription de Donald Trump – Notre pays a besoin d'un leader d'envergure», par fil en provenance de Washington, *The Wall Street Journal*, le 16 juin 2015.

Mise en contexte :
Lors d'une interview subséquente avec Katy Tur, du réseau NBC, il a clarifié ses commentaires et lui a confié : «J'emploie de nombreux immigrants illégaux et nombre d'entre eux viennent du Mexique. Je les aime et ils m'aiment. Je créerai des emplois et les Latinos auront

des *jobs* comme jamais ils n'en ont eu auparavant. Je ferai mieux que qui que ce soit avec ce vote : je compte bien le remporter ! »

Le vote des Latino-Américains est crucial pour Trump et pour les républicains s'ils veulent remporter l'élection. Tel que le *Los Angeles Times* le soulignait le 23 juillet 2015, dans un article de Kate Linthicum (intitulé « Les commentaires de Donald Trump blessent les Latino-Américains, mais pas tous ») : « S'ils veulent siéger à la Maison-Blanche, les républicains auront probablement besoin d'un pourcentage important du vote latino. En 2012, le candidat républicain Mitt Romney remporta six votes sur dix chez les électeurs blancs, mais perdit son élection parce que les Latinos et Afro-Américains, les Asiatiques et autres membres des minorités raciales avaient voté en masse pour Obama. Selon les sondages entrepris à la sortie des isoloirs, Romney avait obtenu 27 pour cent du vote latino. Le pays devenant de moins en moins « blanc », la plupart des stratèges républicains estiment que leur parti doit fortement améliorer les résultats obtenus par Romney parmi les Latino-Américains pour pouvoir remporter la présidence. »

CHARME ET CRÉDIBILITÉ

« Ils envisagent quelqu'un capable de retourner ce pays sens dessus dessous, de quelqu'un qui a la capacité de remuer tout ça. Ils en ont ras le bol des incompétents. Lorsque vous inspecterez mes états financiers, vous serez vraiment impressionnés. C'est ça qui est important. Si je n'avais que dix dollars en poche, les gens diraient : "Mais qui es-tu, toi ?" [Juron] Comprenez-vous ? Vous connaissez mon bilan et mon état de fortune. Mon livre,

Le plaisir des affaires, parle de tout ça. Si je n'avais pas fait fortune, qui donc, [juron], achèterait ce bouquin? C'est à cause de mes succès fracassants qu'ils regardaient *The Apprentice** . »

Source :

«Écoutons Donald Trump jurer et parler politique à bord de son avion privé», une interview de Robert Costa, du *Washington Post*, le 12 juillet 2015.

[*www.washingtonpost.com/news/post-politics/wp/2015/07/12/ listing-to-donald-trump-swear-and-talk-politics-on-his-private- plane/*].

Mise en contexte :

La candidature à la présidence des États-Unis est un sujet constant dans la vie de Trump. Tel qu'il l'a déjà affirmé au magazine *Playboy* en mars 1990 : «Je ne veux pas devenir président. J'en suis cent pour cent sûr. Je ne changerai d'idée que si je voyais le pays continuer d'aller à la dérive.» C'était il y a 25 ans. Trump estime que le déclin de son pays s'accélère, qu'il est temps d'y mettre le holà, et il se voit forcé d'intervenir.

L'indéniable succès de Trump en tant qu'homme d'affaires est ce qui le place dans une classe à part par rapport aux autres candidats à la présidence, peu importe leur allégeance politique. Comme Jeremy Diamond, de CNN, le faisait remarquer le 17 juin 2015 dans un topo intitulé «Donald Trump jumps in» (*Donald Trump saute dans la mêlée*) : «Il étale sa fortune ainsi que ses succès

---

* Cette émission de téléréalité du réseau NBC, avec Donald Trump dans la première série, avait pour but de désigner un concurrent chanceux parmi de jeunes aspirants cadres. Le gagnant remportait un poste très bien rémunéré. Les autres étaient «congédiés» et livrés à la commisération ou à la risée de l'auditoire. (NDT)

commerciaux et en fait les pièces maîtresses de sa plate-forme présidentielle. Il souligne que ses moyens colossaux et sa fructueuse carrière non seulement le qualifient pour être président, mais lui permettraient de se débarrasser des fameux "intérêts particuliers" qui, prétend-il, dominent la politique américaine. »

UNE QUESTION DE NAISSANCE

« Une section importante de notre société est persuadée que Barack Obama n'est pas né aux États-Unis. Sa grand-mère, qui est Kényane, a déclaré sur un enregistrement qu'il est né au Kenya et qu'elle avait même assisté à sa naissance. Sa famille, à Hawaï, se dispute pour savoir dans quel hôpital il est né. Ils l'ignorent.

« Il a été dans l'impossibilité de présenter un acte de naissance ; seulement un "bulletin de naissance d'enfant vivant" ne portant aucune signature. Contrairement à un acte de naissance, il est très facile d'obtenir ce genre de document. Faits importants : rien ne prouve à Hawaï que Barack Hussein Obama soit né dans cet État américain. On n'y a pas retrouvé d'enregistrements, de factures, de reçus, de noms de médecins ou d'infirmières, etc. Quant aux deux annonces parues dans les journaux locaux à l'occasion de sa naissance, plusieurs choses ont pu arriver. Certaines personnes ont l'impression que les grands-parents Obama ont pu passer une annonce dans la colonne des mondanités de manière à montrer que leur petit-fils était un citoyen des États-Unis, afin de le faire bénéficier de tous les avantages dont jouissent les ressortissants américains. Après tout, tout le monde voulait devenir citoyen des États-Unis, surtout à l'époque…

«Pour une raison inconnue, la presse protège le président Obama au-delà de tout ce que l'on peut imaginer et de ce que j'ai vu. Ils ne sont pas conscients du fait que, s'il n'était pas né aux États-Unis, ils auraient mis au jour la plus grande escroquerie de l'histoire du pays.»

Source :

Lettre au rédacteur en chef, «Donald Trump réplique», *The New York Times*, le 8 avril 2011.

[*www.nytimes.com/2011/04/08/opinion/lweb08trump. html?_r=2*].

Mise en contexte :

Trump qui, entre autres choses, est bien connu pour ses critiques visant le président Obama, affirme qu'il n'existe pas d'acte de naissance de ce dernier et qu'il n'est donc pas citoyen américain et qu'il ne peut tout simplement pas occuper la fonction de président des États-Unis. Trump soutient entre autres qu'Obama serait né au Kenya et non à Hawaï.

En 2008, les organisateurs de la campagne d'Obama publièrent un «bulletin de naissance d'enfant vivant» prouvant qu'il était né à Hawaï. Lorsque Trump et ses suivants protestèrent que cette pièce ne constituait pas une documentation suffisante, le président autorisa la publication de son acte de naissance au long le 27 avril 2011.

Un sondage d'opinion entrepris par CNN démontra que 75 pour cent des Américains croient fermement qu'Obama est bien né aux États-Unis. Plus de 4 républicains sur 10 croient pour leur part qu'Obama n'est pas né sur le territoire national. (Source : «Enquête CNN :

Obama est bien né aux États-Unis», par Gary Tuchman, le 25 avril 2011. [*www.cnn.com/2011/POLITICS/04/25/ birthers.obama.hawaii/*].)

UNE QUESTION DE NAISSANCE : PRISE 2

«Je ne veux plus parler de ça.» (Donald Trump)

Source :
«Regardez comment Donald Trump refuse de s'excuser – une interview de Stephen Colbert», par Daniel Kreps, RollingStone.com, le 23 septembre 2015.

[*www.rollingstone.com/tv/news/watch-donald-trumps-unapologetic-stephen-colbert-interview-20150923*].

Mise en contexte :
Trump semble avoir compris que cette question détournait l'attention du public et portait préjudice à sa campagne. Il refuse donc de relancer la controverse.

GEORGE W. BUSH

«Comme vous le savez, je n'ai jamais été un *fan* de Bush. […] J'estime qu'il avait l'air perdu et qu'il n'a pas été un très bon président, certes pas. […] Il nous a entraînés dans le conflit en Irak qui, en lui-même, s'est avéré une catastrophe. Vers la fin de son mandat, il a également provoqué un problème financier en permettant l'explosion des frais hypothécaires et d'autres choses que j'avais prédites, comme la bulle immobilière. Au fait, attendez-vous à en connaître une autre. Oui, j'avais prévu le coup. Pour ma part, j'ai compris et ai pu gagner beaucoup d'argent en rachetant plein de propriétés à bas prix après l'explosion des taux. Bush nous a finalement amené Obama. Clinton a eu un tas de problèmes avec toutes les Monica du monde. S'il n'avait pas connu ces mésaventures, sa présidence aurait été relativement satisfaisante. Rien de génial, mais une présidence cohérente. Hélas! Le tout a tourné au désastre et s'est révélé une énorme distraction.»

Source :

«Donald Trump explique tout», par une équipe de *Time* (Nancy Gibbs, Michael Scherer et Zeke Miller), Time. com, le 20 août 2015.

[*http://time.com/4003734/donald-trump-interview-transcript/*].

JEB BUSH

«Nous avons besoin à la Maison-Blanche d'une personne très intelligente, très rusée et pleine d'énergie. Jeb n'a rien de tout cela. Personnellement, je le considère comme une personne très gentille. Si, d'aventure, il devenait président, alors bonne chance! Nous aurions là un autre Bush. Ce serait la même vieille rengaine.»

Source :

«*This Week*, transcription d'une interview de Donald Trump», par George Stephanopoulos, ABC News, le 23 août 2015.

[*http://abcnews.go.com/Politics/week-transcript-donald-trump/ story?id=33203713*].

CARL ICAHN

« Je lui dirais : "Bravo, Carl! Occupe-toi de la Chine." J'irais chercher d'autres gars de son acabit et leur dirais aussi : "Bonne chance, voici le Japon." Croyez-moi, nous obtiendrons de très bons résultats et y gagnerons énormément. »

Source :

« La ferveur des débats préliminaires se fait sentir », par Kathleen Parker, *The Washington Post*, le 5 août 2015.

[*www.highbeam.com/doc/1P2-38588017.html*]. (Accessible aux abonnés)

Mise en contexte :

Trump a souvent affirmé que les États-Unis étaient en train de perdre leurs guerres commerciales, principalement parce qu'ils ne défendent pas assez fermement leurs positions. Dans son livre *Trump : Surviving at the Top* (« Trump : Survivre au sommet »), il recommande la création d'un panel d'experts qui superviserait les négociations avec le Japon, l'Europe et autres entités économiques requérant une attention particulière. Pour cela, Trump ferait appel à des gens d'affaires – tous des négociateurs émérites – comme Carl Icahn, qui était alors le grand patron de Trans World Airlines.

Comme Trump le confiait au magazine *Playboy* en mars 1990 : « Je pense que si nous avions avec nous des gens du monde des affaires, des Carl Icahn, des Ross Perot, pour négocier certaines questions d'affaires étrangères, on nous respecterait davantage à travers le monde.

JEB BUSH : PRISE 2

« Comment pourrais-je faire cause commune avec Jeb Bush ? Il est faiblard sur les questions d'immigration, comme pour ces "villes sanctuaires" (villes appliquant une politique de protection des migrants sans papiers). Savez-vous qu'il en existait cinq en Floride lorsque Bush était gouverneur ? Non, je ne le vois pas jouer quelque rôle que ce soit. »

Source :

« Trump à propos de Jeb Bush : je ne le vois pas jouer quelque rôle que ce soit », par Reena Flores, CBSNews. com, le 11 juillet 2015.

[*www.cbsnews.com/news/election-2016-donald-trump-jeb-bush-i-dont-see-him-as-a-factor/*].

Mise en contexte :

En politicien avisé, Jeb Bush choisit soigneusement ses mots. Il est d'avis que Trump utilise un ton agressif qui n'est pas de mise. Bush pointe indirectement un doigt accusateur sur son collègue en disant qu'il pense que les politiciens devraient éviter d'exploiter à des fins politiques les craintes et les angoisses du corps électoral. « Pour vaincre de la bonne façon, il importe d'unir plutôt que de diviser », préconise Bush. (« Jeb Bush met en garde Donald Trump et lui suggère de ne pas profiter des craintes et des angoisses de l'électorat », par Michael Barbaro, *The New York Times*, le 4 août 2015.)

FEMMES CHÉRIES

« Les questions portant sur la santé des femmes me tiennent vraiment à cœur. Je chéris les femmes. Par exemple, ma mère était une femme incroyable. J'ai des enfants formidables, une femme extraordinaire. Je chéris les femmes et suis sensible au rôle important qu'elles jouent dans la société. J'ai le plus grand respect pour les femmes. Plusieurs cadres supérieurs de mon organisation sont des femmes et elles sont mieux rémunérées que la plupart des cadres masculins. Bref, je n'ai que des compliments à leur faire. Voilà plusieurs années, lorsque je construisais de grandes tours, deux de celles-ci parmi les plus prestigieuses et les plus importantes furent administrées par des directrices. On n'avait jamais vu ça dans le monde de la construction. Il y a une trentaine d'années, cela ne se faisait pas. Bref, je comprends les femmes, et les questions relatives à leur santé me tiennent à cœur. Lorsque Jeb Bush racontait essentiellement la semaine dernière qu'il ne fallait pas consacrer d'argent pour les questions de santé féminine, il commettait là une autre de ses nombreuses gaffes au point que je n'y comprends rien. »

Source :
« Donald Trump chez *Meet the Press*, commenté par Chris Cillizza, WashingtonPost.com, le 17 août 2015.

[*www.washingtonpost.com/news/the-fix/wp/2015/08/17/ donald-trump-on-meet-the-press-annotated/*].

CHINE ET CORÉE DU NORD

« Je forcerai la Chine à nous respecter, car ce pays exerce un contrôle considérable sur la Corée du Nord. […] Et je leur dirai : "Dites donc, la Chine. Vous auriez intérêt à jeter un coup d'œil par là et à faire quelque chose… Autrement, vous risquez de subir des contrecoups sur le plan économique." J'ai des banques chinoises comme locataires dans mes immeubles. Leurs dirigeants m'écoutent et me respectent. N'oubliez pas: la Chine contrôle presque totalement la Corée du Nord. Si elle refuse de coopérer, elle aura à en assumer les conséquences. Nous avons le moteur qui lui permet de prospérer. Sans les États-Unis, dont elle siphonne l'argent et s'approprie les emplois, la Chine s'effondrerait en quelques minutes. »

Source :

«Trump parle affaires à *60 Minutes*», une interview de Scott Pelley, diffusée le 27 septembre 2015.

[*www.cbsnews.com/news/donald-trump-60-minutes-scott-pelley/*].

LA CHINE ET LE DÉSÉQUILIBRE COMMERCIAL

«Regardez bien. La Chine est comme le Mexique. Ces pays profitent des États-Unis et rient sous cape en engrangeant leurs profits à la banque. Bien sûr, ils vont réagir et vous diront: "Mais non, mais non, nous aimons bien nos partenaires commerciaux, les Américains." Ils les aimeraient pour moins que ça parce qu'ils font fortune sur notre dos. Nous, par contre, n'obtenons rien en contrepartie. Il n'y a rien de bon pour nous là-de-dans, croyez-moi. Si je deviens président, les choses vont changer. »

Source :

«Donald Trump : Je ne suis pas un "apprenti" ** lorsqu'il s'agit d'Israël», par Jacob Karmas/JNS.org. Algemeiner. com, le 29 juin 2015.

** Toujours par allusion à l'émission de téléréalité *The Apprentice*, où Donald Trump se réservait le droit de «congédier» personnellement les perdants en direct. (NDT) [*www.algemeiner.com/2015/06/29/donald-trump-im-no-apprentice-when-it-comes-to-israel-interview/*].

Mise en contexte :

Dans l'optique de Trump, les réussites et les déboires de notre pays sont inextricablement liés aux transactions que nous menons avec la Chine, une nation qu'il considère comme manipulatrice, tout spécialement au chapitre de sa monnaie.

Comme le disait Trump, cité par Mark Hensch dans TheHill.com le 12 août 2015 : « Ils sont simplement en train de nous détruire. Ils ne cessent de dévaluer leur monnaie, le yuan, jusqu'à ce que cela fasse leur affaire. Le yuan dégringole et, pour nous, ça risque d'être très dangereux. La Chine s'est enrichie à nos dépens. Elle s'est reconstruite avec l'argent et avec les emplois qu'elle a siphonnés aux États-Unis. »

Constatant le bouleversement que la Chine avait causé dans le secteur des valeurs mobilières sur les marchés internationaux en manipulant son yuan, et alors que le monde réagissait à une chute de quelque 1000 points du Dow Jones, le 24 août 2015 Trump envoya un *tweet* ainsi libellé : « Comme je le répète depuis si longtemps, nous sommes si étroitement liés à la Chine et à l'Asie que leurs marchés sont en train de pousser le nôtre à la baisse. États-Unis, réveillez-vous ! Les marchés s'effondrent. Tout cela est provoqué par une piètre planification et par le fait qu'on laisse la Chine et les pays d'Asie nous dicter notre ordre du jour. Tout ceci pourrait devenir catastrophique ! Votez Trump. »

LE SORT DES CHRÉTIENS

« Parlez-moi de la liberté religieuse et de la liberté tout court. Les chrétiens sont traités de manière abominable parce que nous n'avons personne pour les représenter. Croyez-moi, si je me présente et que je suis élu, je serai le plus important représentant des chrétiens, un représentant comme ils n'en ont jamais eu depuis belle lurette. »

Source :
« Donald Trump déclare pendant l'émission *Brody File*, animée par David Brody, qu'en qualité de président il deviendra le plus important représentant des chrétiens, un représentant comme ils n'en ont jamais eu depuis longtemps. » CBN News : Blogs, le 20 mai 2015.

[*http://blogs.cbn.com/thebrodyfile/archive/2015/05/20/ donald-trump-tells-brody-file-as-president-i-will.aspx*].

Mise en contexte :
À l'occasion d'une allocution qu'il donnait le 11 juillet 2015 à Las Vegas, Donald Trump, qui est protestant, a évoqué la persécution des chrétiens et s'est plaint de ce que l'administration Obama favorisait les immigrants musulmans par rapport aux immigrants chrétiens. « Si vous venez de Syrie, a-t-il dit, et que vous êtes chrétien, vous ne pouvez pas entrer dans notre pays. Pourtant, ce sont bien eux qui sont persécutés. Par contre, si vous êtes islamique et que vous voulez émigrer chez nous, c'est incroyable, mais il n'y a pas de problème. En fait, il s'agit du principal groupe de personnes que l'on accepte. Ce n'est pas que je veuille faire de la discrimination contre qui que ce soit, mais je constate que si vous êtes chrétien,

vous ne pouvez pas être admis aux États-Unis. Vous ne le pouvez pas. Je trouve cela incroyable. Nous devons vraiment faire quelque chose.»

Le site Internet de vérification des faits PolitiFact.com s'inscrit en faux contre ces allégations. Le 20 juillet 2015, par l'intermédiaire du journaliste Louis Jacobson, ce site oppose un démenti formel en faisant remarquer qu'entre le 1er octobre 2014 et le 17 juillet 2015, selon des données compilées par le gouvernement fédéral, 859 musulmans sunnites, 5 musulmans shiites et 42 personnes désignées simplement comme «musulmanes» étaient arrivés aux États-Unis à titre de réfugiés, soit un total de 906 migrants. Entre-temps, on signale également l'arrivée de 28 chrétiens, de 2 athées, de 2 pratiquants de la foi baha'ie et d'une personne sans religion définie. «Nous déclarons donc, dit Jacobson, que les allégations de Trump selon lesquelles les chrétiens venant de Syrie ne peuvent être admis comme réfugiés aux États-Unis sont erronées puisqu'un certain nombre de chrétiens syriens ont été accueillis chez nous au cours des neuf derniers mois. Elles sont d'autant plus inexactes qu'il n'existe dans la jurisprudence américaine aucune loi ni aucun règlement discriminatoire visant les réfugiés chrétiens. Nous déclarons donc ces allégations comme étant fausses.»

HILLARY CLINTON

«Parlez-moi des "téflons", ces personnes imperméables à toutes les accusations. [Les Clinton] ont contourné les lois pendant des années dans une foule de domaines, mais il est étonnant de voir comment Hillary se débrouille pour toujours tirer son épingle du jeu et qu'elle parle de se présenter comme candidate. L'autre jour, j'observais des pontes de la politique, même des républicains, des gars conservateurs qui agissaient comme si le comportement d'Hillary allait de soi et qui n'en parlaient pas comme j'en parle. J'ai été surpris de constater qu'ils ne jugeaient pas plus sévèrement ce qu'elle avait pu faire avec ses courriels, car il s'agit vraiment d'un acte criminel. Ainsi, elle a reçu une citation à comparaître du Congrès des États-Unis et, après l'avoir reçue, elle a effacé plein de courriels. Je dis qu'il s'agit là d'une combinaison. Ce qu'elle a fait est incroyable et ce qui est encore plus incroyable pour moi, c'est qu'ils parlent d'elle au vu et au su de tous comme s'il s'agissait d'une banale candidate. Ils ont beau traiter Hillary en candidate, je n'en pense pas moins que ce qu'elle a fait est illégal. »

Source :
« Donald Trump sur des sujets pour 2016 », par Hugh Hewitt, transcription HughHewitt.com, le 3 août 2015.

[*www.hughhewitt.com/donald-trump-on-things-2016/*].

Mise en contexte :
Sur CNNPolitics, dans l'article « Trump à propos de Clinton », rédigé par Eric Bradner le 26 juillet 2015, ce journaliste cite une interview téléphonique qu'un collègue, Jake Tapper, a eue avec Trump. Ce dernier estime que l'utilisation par Mme Clinton d'une messagerie électronique privée pour envoyer des courriels personnels constitue un acte bien plus odieux que celui qu'avait commis le général Petraeus. « Ce qu'elle a fait est criminel et bien pire que dans le cas de ce général tombé en disgrâce, affirme Trump. Si le crime était semblable, Petraeus était en effet moins coupable qu'Hillary parce

qu'elle s'est débarrassée de la messagerie. Il n'a jamais commis un tel acte.» CNN note que Petraeus, un ancien directeur de la CIA, avait plaidé coupable à l'accusation d'avoir mal géré de l'information confidentielle. Il avait en effet transmis des volumes de documents classifiés secrets à sa biographe Paula Broadwell, qui était également sa maîtresse.

GAIL COLLINS

Le 2 avril 2011, Gail Collins, une journaliste du *New York Times*, a publié un article intitulé «Donald Trump, de plus en plus tordu». Dans ce papier, elle l'étrille en ces termes: «Trump fait principalement appel à sa réussite commerciale pour que l'on prenne sa candidature à la présidence au sérieux. Obama a-t-il déjà animé à longue haleine une émission de téléréalité? A-t-il déjà été propriétaire d'une chaîne de casinos frisant la faillite? Inscrit son nom sur un tas d'immeubles de rapport plutôt sinistres? Non! […] Dans un moment de déprime, je l'ai même décrit comme étant " un richard coincé financièrement''. Il m'a envoyé une copie de mon article avec mon portrait encerclé, sur lequel il avait griffonné: "Tête de chien! "»

Les commentaires de Mme Collins ont piqué au vif l'homme d'affaires furieux, qui a répondu par une lettre à la rédaction, dans laquelle il a écrit: «Même avant que Gail Collins ne commence à travailler pour le *New York Times*, elle écrivait des articles tendancieux et désobligeants à mon propos. En fait, j'ai beaucoup de respect pour Mme Collins pour avoir réussi à survivre aussi longtemps dans son milieu avec si peu de talent. En effet, ses capacités narratives et son choix de vocabulaire ne sont pas de très haut niveau. Je peux en parler en connaissance de cause, car j'ai écrit plusieurs *best-sellers*. Ce qu'il y a de pire, c'est que les données qu'elle nous fournit sont fausses!»

Source :

Lettre à la rédaction, «Donald Trump réplique», *The New York Times*, le 8 avril 2011.

[*www.nytimes.com/2011/04/08/opinion/lweb08trump. html?_r=0*].

Mise en contexte :

Dans *Trump : Never Give Up* («Trump : N'abandonnez jamais!»), au 38ᵉ chapitre intitulé «Ripostez lorsqu'on vous attaque», l'homme d'affaires répond énergiquement après avoir été pris à partie par Mᵐᵉ Collins. Dans ce livre, Trump consacre nombre de lignes à Timothy L. O'Brien, du *New York Time*, qui a publié en 2005 *TrumpNation, The Art of Being The Donald*. Trump, qui avait donné librement accès à ses informations à O'Brien afin de s'assurer que l'auteur puisse rapporter les faits correctement, fut estomaqué lorsque le livre fut rendu public. Le milliardaire avait alors déclaré avoir compris qu'il existait, selon ses propres termes, «une différence entre les mauvaises nouvelles et l'esprit malfaisant». Trump écrivit : «Cet individu est méprisable, car ses intentions étaient de diffamer.» Le plaignant ne remporta pas la bataille. Le *Hollywood Reporter*, sous la plume d'Eriq Gardner, déclare le 8 septembre 2011 que la Cour d'appel du New Jersey avait confirmé la décision d'un tribunal de première instance de rejeter la poursuite en diffamation demandée par Donald Trump. [...]

Trump répondit au journal que de toute façon les lois américaines concernant le libelle n'avaient jamais été équitables.

CONSERVATEUR OU PAS?

«Vous savez, vous pouvez dire cela au sujet de Ronald Reagan, car Reagan était un démocrate avec un penchant très, très libéral. En réalité, il est devenu républicain avec une orientation relativement conservatrice. Je ne dirai pas qu'il fut un conservateur opiniâtre, mais tout de même assez.

«Il a d'ailleurs expliqué comment il avait évolué en vieillissant. Tout comme moi. N'oubliez pas que, lorsque vous essayez de me coller une étiquette, je n'ai jamais été un politicien. La manière dont les gens ont tenté de me définir n'a jamais eu pour moi d'importance et ne me fait ni chaud ni froid. De plus, je me trouvais à Manhattan, où tout le monde est démocrate. Si vous parvenez à vous faire élire au conseil municipal ou à quelque poste semblable sous la bannière démocrate, cela signifie que vous avez pratiquement remporté l'élection, même si celle-ci n'a pas encore eu lieu. C'est presque automatique.

«Je venais donc d'un secteur vraiment démocrate et franchement, au fil des ans – et tout spécialement en m'engageant de plus en plus –, j'ai évolué et ai adopté des positions différentes auxquelles je tiens mordicus.»

Source:
«Transcription d'une interview de Donald Trump par l'animateur John Dickerson lors de l'émission de CBS *Face the Nation* effectuée le 23 août 2015, CBSNews.com.

[*www.cbsnews.com/news/face-the-nation-transcripts-august-23-2015-trump-christie-cruz/*].

LE RÉTABLISSEMENT DE LA
PEINE DE MORT

Trump a déboursé 85 000 $ pour des annonces parues dans quatre quotidiens new-yorkais, à la suite d'une attaque perpétrée contre une joggeuse et d'autres personnes dans Central Park le 19 avril 1989 par des gens qualifiés d'agresseurs et de meurtriers. Le magnat du bâtiment avait déclaré que ces derniers devaient souffrir et qu'en cas de meurtre ils devraient être exécutés pour leurs crimes.

« Je déteste voir ce pays aller au diable ! Nous sommes la risée du monde. Pour ramener la loi et l'ordre dans nos villes, il faut rétablir la peine de mort et redonner son autorité à la police. À la suite des annonces que j'ai fait passer, j'ai reçu cinquante mille lettres favorables au rétablissement de la peine capitale contre dix qui étaient défavorables à différents degrés.

[…] Lorsqu'un homme ou une femme commettent un meurtre de sang-froid, il ou elle doit payer. Cela sert d'exemple. Personne n'est capable de prouver que la peine de mort n'a pas d'effet dissuasif. Faute de la rétablir rapidement, notre société risque de pourrir sur pied. Elle est d'ailleurs déjà en putréfaction. »

Source :
« Donald Trump », par Glenn Plaskin, *Playboy*, mars 1990.

Mise en contexte :

Trump est inflexible lorsqu'il préconise des punitions draconiennes pour les criminels. Il est partisan des incarcérations prolongées, des politiques sévères contre le crime et veut rendre les juges responsables de leurs décisions. Il reproche aux magistrats de se montrer trop indulgents, notamment dans *The America We Deserve* (« L'Amérique que nous méritons »). Dans cet ouvrage, il écrit : « Les peuples civilisés sont hostiles aux comportements barbares. [...] Nous serions-nous montrés civilisés si nous avions simplement incarcéré Hitler ? Non, une telle décision aurait constitué un affront pour la civilisation. Peu importe que la victime soit un balayeur ou un président de conseil d'administration. Une vie en vaut une autre et si vous supprimez une vie innocente par des moyens criminels, il faut vous attendre à perdre la vôtre. »

Dans le même livre, il explique son point de vue sur la peine de mort. « Si l'on veut faire ressortir l'extrême évidence de ce raisonnement, disons que cent pour cent des personnes exécutées ne récidiveront pas, dit Trump. Il semble également évident – bien que nous ne puissions en déterminer le pourcentage – qu'une foule d'individus susceptibles de commettre un crime majeur hésitent à passer à l'acte en sachant pertinemment qu'ils ont la possibilité de le payer de leur propre vie. »

Les cinq jeunes gens accusés d'avoir attaqué la joggeuse de Central Park furent plus tard condamnés à des peines de prison s'échelonnant entre six et treize ans. En 2002, un autre homme, un meurtrier déjà sous les verrous, admit avoir été le violeur de la joggeuse et d'en avoir été l'unique agresseur. S'appuyant sur la preuve, en l'occurrence l'ADN retrouvé dans les traces de sperme de l'individu sur un vêtement de la victime, on annula les condamnations des hommes originellement accusés de ce crime. En 2014, la Ville de New York convint de leur verser une indemnité de 41 millions de dollars.

Dans le *New York Times* du 23 octobre 2002, on peut lire un article de Michael Wilson intitulé : « Trump s'attire des critiques pour les annonces qu'il a publiées à la suite de l'agression de la joggeuse ». Son auteur écrit : « Donald Trump a acheté une pleine page de publicité dans quatre quotidiens locaux afin de soutenir le rétablissement de la peine de mort. M. Trump y déclare que les " criminels d'âges divers " accusés d'avoir battu et violé une joggeuse dans Central Park 12 jours plus tôt " feraient bien mieux d'avoir la trouille ". »

Les critiques de la peine de mort prennent de tels cas en exemple comme preuve de ce que la faiblesse humaine peut causer en condamnant d'innocentes personnes à une mort injustifiée. Ces critiques préconisent comme solution de rechange la détention perpétuelle, qui a l'avantage d'épargner une vie au lieu d'imposer une irréversible condamnation à mort.

LES DÉBATS

« En ce qui touche ma préparation aux débats, je suis qui je suis. Je ne sais pas. Je n'ai jamais débattu auparavant. Je ne suis pas un débatteur. Je suis un réalisateur. Je n'ai aucune idée comment débattre. Il est possible que je sois lamentable, il est possible que je sois excellent. […] Je répète : je ne suis pas un débatteur. Ah ! Ces politiciens… Je dis toujours qu'ils ne font que parler et qu'ils débattent en permanence, même la nuit. Je ne débats pas, je construis – et j'ai créé des emplois formidables. J'ai mis sur pied une société extraordinaire. J'accomplis beaucoup de choses. »

Source :

« Transcription d'une interview de Tom Llamas à l'émission *This Week* de la chaîne ABC News, le 2 août 2015. »

[*http://abcnews.go.com/Politics/week-transcript-donald-trump/ story?id=32829376*].

Mise en contexte :

Pour que les politiciens soient prêts à brandir faits et chiffres susceptibles de renforcer leur position, face aux débats télévisés, leur stratégie consiste généralement à demander à leur personnel de cabinet d'analyser une variété de sujets qu'on pourrait éventuellement soulever. Le *Washington Post* du 6 août 2015 déclarait que Jeb Bush « s'était entraîné tout l'été » tandis que Cruz « avait passé la semaine avec ses conseillers ».

Bien que son personnel puisse le préparer à s'expliquer sur des sujets relatifs à ses positions politiques, Trump préfère attendre la suite des événements. « Je dois d'abord prendre le vent, voir où l'on veut en venir. Je préfère ne pas m'engager dans des conflits ou des querelles intestines. Par contre, s'ils m'attaquent, alors je contre-attaque plus fortement. Tout dépend du moment. Regardez-moi aller. Je compte garder tout cela à un niveau élevé, car je respecte beaucoup mes interlocuteurs. » (« Trump au centre des débats – Ses adversaires prêts à le bousculer », par Robert Costa et Philip Rucker, *The Washington Post*, le 6 août 2015.)

COMMENT VAINCRE L'ÉTAT ISLAMIQUE

«J'ai un moyen infaillible pour vaincre l'État islamique. Ce serait ferme, rapide, très efficace et chirurgical.» […] (*Envoi de troupes au sol? Attaques de drones?*) «Je vous garantis que tout le monde dira "Ouah! C'est génial!"Une dizaine de candidats vont utiliser cette idée en oubliant que j'en suis l'auteur…»

Source :
«L'interview insensée de Donald Trump avec le *Des Moines Register*», texte annoté par Jon Green, AMERICAblog, le 2 juin 2015.

[*http://americablog.com/2015/06/donald-trump-insane-interview-with-the-des-moines-register-annotated.html*].

Mise en contexte :

S'il existait une solution facile, une stratégie miracle capable d'anéantir l'État islamique, les militaires américains et leurs partenaires seraient fort heureux de la connaître. Toutefois, comme dans tout ce qui concerne la guerre, il n'existe pas de solution simpliste ou «chirurgicale». Après la défaite de Saddam Hussein, qui dirigeait l'Irak d'une main de fer et dont le règne favorisait l'intrusion de groupes terroristes essayant de prendre pied dans le pays, un vide politique s'est fait sentir. Comme le faisait remarquer Majid Karimi, un journaliste proche-oriental: «L'EI prend ses racines dans le groupe al-Qaïda en Irak, qui s'est formé après la chute de Saddam Hussein. Al-Baghdadi, un religieux extrémiste sunnite, était le leader d'al-Qaïda en Irak jusqu'en 2010. Il abandonna ce groupe et créa l'EI (ou Daech) lorsque des formations islamistes commencèrent à se battre contre Bachar al-Assad. […] À court terme, l'EI peut effectivement tirer profit des divergences politiques existant entre les joueurs locaux et internationaux. Le problème est complexe et sous-entend beaucoup de factions et d'intervenants en coulisse.» («Pourquoi est-il si difficile de combattre l'EI?», par Majid Karimi, Rappler.com, 14 avril 2015.)

Tel que Karimi le fait observer, dans cette situation, il n'existe pas de réponses simples, de solutions rapides ni de remèdes miracles, peu importe ce que Trump ou n'importe qui d'autre puisse prétendre.

DÉVIATION

Le 8 juillet 2015, Katy Tur, de la chaîne NBC, a demandé à Trump d'exposer ses doutes sur la citoyenneté américaine du président Obama. Après lui avoir fait remarquer qu'il avait lancé le mouvement des sceptiques et envoyé des enquêteurs à Hawaï afin de prouver ce qu'il avançait, elle lui a mentionné que le président avait rendu public son acte de naissance.

«Si vous croyez ça, c'est votre affaire. Je m'en moque. Moi, je me bats pour les emplois, pour la sécurité, pour la défense des militaires, le bien-être de nos anciens combattants et beaucoup d'autres choses. Vous n'avez pas à me ressasser des sujets éculés. Qu'Obama soit né aux États-Unis ou non, qu'en sait-on au juste? À ce propos, bien des gens vous contrediraient d'ailleurs.»

Source:
«Regardez l'interview intégrale de Donald Trump», vidéo, NBC News, le 8 juillet 2015.

[*www.nbcnews.com/video/watch-the-full-unedited-donald-trump-interview-480244291643*].

Mise en contexte :

Le 6 août 2015, au cours du premier débat des républicains, Megyn Kelly assaillit Trump pour ses commentaires déplacés sur les femmes – une preuve, selon elle, qu'il ne possède pas le tempérament d'un homme qu'on se propose d'élire comme président. Plutôt que de répliquer à cette critique – une cause perdue d'avance, car il se serait probablement empêtré –, Trump changea de ton et, après avoir fait remarquer qu'il ne réservait ses insultes « que pour l'animatrice de télé Rosie O'Donnell », ce qui fit rire l'assemblée, il détourna la question en attaquant. Tel que CNN l'a relevé, « Trump n'a pas bronché et ne s'est pas excusé ». Il a simplement qualifié le problème comme étant une affaire de rectitude politique. « En toute franchise, je n'ai vraiment pas de temps à perdre pour satisfaire intégralement tous les critères du politiquement correct et, pour être honnête avec vous, le pays ne peut pas non plus se payer ce luxe… »

CARLY FIORINA

« Mais, r'gardez-lui donc la face ! Qui donc va *voter* pour ça ? Pouvez-vous vous imaginer un visage semblable à la *présidence* ? Je sais, je sais, c'est une femme et je ne suis pas censé dire des choses désobligeantes. Mais vraiment, mes amis. Allons donc ! Sommes-nous *sérieux* ? »

Source :

« Trump, sérieusement », par Paul Solotaroff, *Rolling Stone*, le 9 septembre 2015.

[*www.rollingstone.com/politics/news/trump-seriously-20150909*].

Mise en contexte :

Lors du second débat républicain, le 16 septembre 2015, Mme Fiorina recueillit la plus grande salve d'applaudissements lorsqu'elle refusa de revenir sur les commentaires de Donald Trump rapportés dans *Rolling Stone*. Elle se contenta de dire simplement : « Je pense qu'à travers le pays, les femmes ont entendu très clairement ce que M. Trump a dit. »

Trump essaya de se rattraper en disant : « Je pense qu'elle a un joli visage et qu'elle est une jolie femme », un compliment auquel elle ne répondit pas.

Trump peut être son pire ennemi en se tirant une balle dans le pied. Ses commentaires aux journalistes de *Rolling Stone* étaient totalement inutiles sinon qu'ils lui aliénaient la sympathie d'un vaste électorat féminin ayant l'impression qu'on ne le juge trop souvent que sur son apparence. C'est du moins ce que les paroles du milliardaire laissaient entendre.

LE QUATORZIÈME AMENDEMENT

« Tout d'abord, nos grands législateurs – et non les avocats d'émissions de télé – savent pertinemment ce qui cloche avec le quatorzième amendement. On peut corriger ce dernier grâce à une décision du Congrès. Ce ne sera peut-être même pas nécessaire.

« Une femme tombe enceinte, se rend à neuf mois de grossesse, traverse la frontière, accouche aux États-Unis et nous devrions nous occuper de son bébé pendant 85 ans ? Je ne le pense pas.

«Au fait, le Mexique et presque tous les pays du monde n'offrent pas un tel avantage. Nous sommes les seuls gogos, les seules bonnes poires à avoir une telle disposition dans notre loi de l'immigration. Et il n'y a pas que le Mexique. Des gens débarquent d'Asie pour avoir leur bébé chez nous et, subito presto, il nous faut prendre soin de leur enfant jusqu'à la fin de ses jours.

«Le quatorzième amendement, bien que cela doive être vérifié, stipule qu'on peut passer par les tribunaux, et ce, jusqu'en Cour suprême si nécessaire. Une chose est certaine : il existe un nombre important de maîtres juristes qui affirment que ceci n'est pas correct.

«À mon avis, c'est nul. Nous sommes l'un des seuls pays à avoir un tel système. Et nous devrions prendre soin de ces bébés pendant 70, 75, 80, 90 ans? Je ne le pense pas.»

Source :
«Transcription : Lisez le texte au long du second débat républicain», par Ryan Teague Beckwith, Time.com, le 16 septembre 2015.

[*http://time.com/4037239/second-republican-debate-transcript-cnn/*].

Mise en contexte :
Trump évoque ici le phénomène des femmes enceintes qui se rendent délibérément aux États-Unis pour y accoucher et ainsi obtenir automatiquement la nationalité américaine pour leur bébé. Comme *Time* le souligne dans un article d'Hanna Beech («Je veux un bébé américain») en date du 27 novembre 2013 : «Les États-Unis sont le seul pays où il suffit d'être né sur leur sol pour

s'en voir conférer de facto la nationalité. Cette politique a engendré une forme de «tourisme natal» au terme duquel des femmes enceintes en provenance de l'étranger se précipitent vers les hôpitaux américains afin de pouvoir réclamer plus tard un passeport américain pour leur bébé. Bien que les couples étrangers ne puissent obtenir directement la nationalité américaine grâce à ce stratagème, dès que leur enfant atteint l'âge de 21 ans, celui-ci peut théoriquement parrainer ses parents afin qu'ils l'obtiennent. […] C'est ainsi que, de plus en plus, de riches Chinois envoient leur famille et leur argent aux États-Unis, ce qui a permis la prolifération des enfants de sans-papiers surnommés «bébés ancres». Selon un site qui se consacre à la surveillance et à la compilation de données sur certains centres spécialisés dans l'envoi de Chinoises enceintes aux États-Unis, au moins 10 000 bébés chinois auraient profité l'an dernier des dispositions de l'amendement controversé.

LES «BONS» IMMIGRANTS

«Nous désirons également que des gens de talent viennent s'établir chez nous. Nous voulons que des étrangers fréquentent nos universités. Vous allez à Harvard, à Wharton ou à Stanford et, dès que vous recevez votre diplôme, on vous éjecte. Vous pouvez être premier de classe à Princeton, on vous renvoie chez vous, par exemple en Chine, alors que vous désirez vous installer aux États-Unis.

«Je m'engage à changer cette situation. Et ça presse. Nous voulons en effet conserver les personnes de talent.»

Source :

« Transcription de l'émission de CBS *Face the Nation* du 23 août 2015, intitulée "Trump, Christie & Cruz "», par l'animateur John Dickerson.

[*www.cbsnews.com / news / face-the-nation-transcripts-august-23-2015-trump-christie-cruz /*].

ADMINISTRER LE GOUVERNEMENT COMME UNE ENTREPRISE

« Il faut administrer le gouvernement comme une entreprise. La négociation étant un atout important dans les affaires et dans les relations diplomatiques, nous avons besoin de négociateurs de talent. Le leadership constitue également un enjeu crucial et je crois que nous n'avons pas les meilleurs leaders. Le travail d'équipe est important, mais également un fort leadership. En tant qu'entrepreneur, je comprends ce concept et il s'applique également à l'administration gouvernementale. »

Source :

« Donald Trump : conseil aux enfants du millénaire », par Geoffrey James, Inc.com, le 22 janvier 2014.

[*www.inc.com / geoffrey-james / donald-trumps-advice-for-millenials.html*].

Mise en contexte :

Trump estime que Washington a besoin d'une réforme immédiate et draconienne et de l'intervention de personnes dans son genre, endurcies dans les creusets de la haute finance et des affaires, pour négocier des ententes favorables aux États-Unis. « À Washington, il nous faut des gens qui connaissent l'art de la négociation », a déclaré Trump devant des partisans du New

Hampshire. («Trump assure que son expérience des affaires s'appliquerait à merveille au gouvernement», par Kathleen Ronayne, Associated Press, MSNBC.com, le 19 mars 2015.) Il a ajouté que, contrairement aux autres candidats, qui veulent sabrer les budgets de l'assurance maladie et de la sécurité sociale, il s'en garderait bien. «Je rendrai ce pays si prospère que nous n'aurons pas besoin d'effectuer de telles compressions», a-t-il conclu.

LA GRANDE MURAILLE DE TRUMP

«Je construirai un mur lorsque nécessaire, et c'est le Mexique qui en assumera les coûts. Le Mexique a empoché une somme incroyable aux dépens de l'imbécillité des États-Unis et ça continue de plus belle. Le Mexique va payer pour ce mur. La seule bonne nouvelle est que je sais comment l'édifier à un coût raisonnable. Ce sera un vrai mur et non une passoire que les gens peuvent traverser à leur aise. Un vrai mur, dis-je.

«Oui, vous m'avez compris. Le Mexique paiera, car il gagne une fortune sur le dos des États-Unis. Je le répète, j'aime le Mexique et les Mexicains, mais ils exploitent notre stupidité et celle de nos crétins de négociateurs et de politiciens. Vous avez beaucoup de chance [MM. les Mexicains] d'avoir des négociateurs tels que les vôtres…»

Source:
«Transcription d'une interview exclusive de Donald Trump sur le réseau hispano-américain Telemundo», par José Díaz-Balart, NBCUniversal MediaVillage, Noticiero Telemundo, le 25 juin 2015.

[https://www.nbcumv.com/news/transcript%C2%A0-donald-trump-exclusive-telemundo-interview].

Mise en contexte :

Dans un communiqué intitulé «Trump déclare qu'il augmentera les frais de visa à la frontière mexicaine afin de financer la construction de son mur» (par Toni Clarke et Christine Murray, le 16 août 2015), l'agence Reuters résume les conditions de ce projet. (1) Advenant le cas où le Mexique refuserait d'assumer les frais d'édification du mur, les États-Unis imposeront des frais pour les visas temporaires; (2) déporteront les migrants sans papiers; (3) abrogeront le décret présidentiel d'Obama sur l'immigration; (4) confisqueront les envois de fonds effectués par les immigrants illégaux; (5) augmenteront les droits d'entrée, diminueront l'aide internationale et imposeront des frais douaniers. Trump conclut: «Le gouvernement mexicain a littéralement lessivé les États-Unis. Il est responsable du problème et doit passer à la caisse pour remettre tout cela dans l'ordre.»

LE CONTRÔLE DES ARMES À FEU

«Je suis membre à vie de la National Rifle Association (NRA) et suis fier de ses services qui consistent, notamment, à protéger notre droit de garder des armes et de les porter. Les efforts entrepris par la NRA pour empêcher la création d'une dangereuse législation et de hasardeux règlements visant à interdire la possession d'armes à feu sont inestimables. La focalisation des médias sur de tels efforts occulte le travail fantastique que la NRA accomplit au chapitre de la sécurité et de la conservation.

«Je possède un permis de port d'armes. Vivant à New York, je suis bien placé pour connaître les défis auxquels les citoyens respectueux des lois doivent relever pour exercer leurs droits en vertu du deuxième amendement. Mes propres fils, Donald Jr. et Eric, représentent pour moi le meilleur exemple dans ce domaine. Ce sont des sportifs accomplis. Ils s'adonnent à la chasse, au tir de compétition et luttent pour la protection des milieux naturels.

«La famille Trump demeure vigilante et défend le droit de posséder et de porter des armes. Lorsqu'on prend en considération les dangers qui menacent les États-Unis à l'heure actuelle, ce droit est plus important que jamais. La sécurité nationale commence dans nos foyers. Tous les citoyens doivent avoir la possibilité de se protéger ainsi que de protéger leur famille et leurs biens. Le deuxième amendement est un droit et non un privilège. Notre sécurité et notre défense sont enchâssées dans le deuxième amendement et il protégera toujours ce droit des plus importants.»

Source:
«Donald Trump nous parle du contrôle des armes à feu, des armes de guerre, des zones exemptes d'armes et de l'autodéfense», par Fredy Riehl, Ammoland.com; Alex Jone's Infowars.com, 11 juillet 2015.

[*www.infowars.com/donald-trump-talks-gun-control-assault-weapons-gun-free-zones-self-defense/*].

LES SOINS DE SANTÉ

«Je suis aussi un moraliste. Vous avez entendu ce que j'ai dit aujourd'hui à propos des soins médicaux. Je m'excuse, chers amis, mais j'ai déclaré que nous devions prendre soin des indigents. Je sais que ce n'était pas très conservateur de dire cela, mais j'ai été acclamé debout et je m'adressais pourtant à des conservateurs convaincus. Nous ne pouvons pas laisser tomber les gens lorsqu'ils ne peuvent recevoir des soins médicaux, lorsqu'ils sont malades et qu'ils n'ont pas les moyens de se rendre chez un docteur. Nous devons les aider.»

Source :

«Interview de Donald Trump: le magnat de l'immobilier parle de presse et de politique à bord de son avion particulier», par Robert Costa, *Independent*, le 13 juillet 2015.

[*www.independent.co.uk/news/people/donald-trump-interview-real-estate-mogul-talks-press-and-politics-aboard-his-private-plane-10386260.html*].

Mise en contexte:

Dans *Time to Get Tough* («C'est le moment de nous montrer inflexibles»), Trump explique que bien qu'il soit contre l'Affordable Care Act (l'assurance maladie connue sous le nom d'Obamacare), il n'est pas moins partisan d'un régime d'assurance maladie universel. «Sur bien des points, je suis conservateur, mais dès qu'il s'agit de santé publique, je deviens libéral, car la situation est inacceptable; il est exact que le nombre d'Américains non assurés s'élève maintenant à 42 millions de personnes. […] Nos citoyens constituent notre ressource la plus précieuse. Il importe de prendre soin de notre capital humain et c'est pourquoi nous devons bénéficier d'une assurance maladie universelle. […]

«Il existe déjà un régime qui s'appelle le Federal Employees Health Benefits Program, et il pourrait nous servir de guide pour toute réforme des soins de santé. Il fonctionne grâce à une agence centralisée offrant un vaste choix d'options. Bien qu'il s'agisse d'un programme gouvernemental, il suit strictement les lois du marché. Il permet en effet à 620 compagnies d'assurances privées de se faire concurrence au sein de ce système. Une fois l'an, les assurés peuvent choisir différents types de couvertures dont les caractéristiques et les primes peuvent varier.»

PETIT RAPPEL SUR LES IMMIGRANTS ILLÉGAUX

Lorsque Scott Pelley, de CBS, demanda à Donald Trump s'il avait vraiment l'intention de déporter 12 millions d'immigrants illégaux, l'homme d'affaires lui répondit: «En vérité, personne ne connaît vraiment leur nombre exact, mais la réponse est, vous l'avez dit vous-même, que ce sont des immigrants illégaux. S'ils se sont bien comportés, ils sortiront du pays puis reviendront en toute légalité. Il nous suffit de les rassembler paisiblement, de façon très humaine. En fin de compte, ils seront très heureux parce qu'ils ne demandent qu'à légaliser leur situation. Je sais très bien que cela n'a pas l'air gentil, mais tout n'est pas toujours gentil dans la vie. […] Lorsque je parle de mur – et je l'ai mentionné précédemment –, nous allons y construire une porte, très grande et très jolie, qui demeurera grande ouverte, car nous *voulons* que des immigrants viennent s'établir chez nous.»

Source:

«Trump en vient aux faits à *60 Minutes*», une interview de Scott Pelley, diffusée le 27 septembre 2015.

[*www.cbsnews.com/news/donald-trump-60-minutes-scott-pelley/*].

L'AVANTAGE D'ÊTRE INDÉPENDANT

«J'ai beaucoup donné à de nombreuses personnes d'importance diverse au fil des années, mais je ne veux pas de lobbyistes. Je ne veux pas de défenseurs d'intérêts privés, mais plus simplement des particuliers. L'argent nous arrive de partout.

«L'autre jour, une dame nous a envoyé 7,23 $ avec une jolie petite lettre. C'était très gentil. Cette personne a fait ce qu'elle pouvait, et nous avons comme ça plein de petits donateurs. Je ne suis pas hostile aux donateurs plus importants, tant qu'ils ne s'attendent pas à un retour d'ascenseur. En effet, les seules personnes qui peuvent s'attendre à recevoir quelque chose de moi sont celles qui veulent voir notre pays retrouver sa grandeur.

«Cela ne veut pas dire que je n'accepte pas d'argent pour financer ma campagne. J'aime cette idée, mais il faut que ce soit sans obligation. Vous connaissez les lobbyistes… La semaine dernière, j'ai refusé cinq millions de dollars d'un lobbyiste très en vue, pour la bonne raison que les obligations rattachées à cette aide étaient inacceptables.

«Je sais trop bien qu'il rappliquera dans un ou deux ans et qu'il voudra que je fasse quelque chose pour le pays ou l'entreprise qu'il représente. Je ne mange pas de ce pain-là. »

Source :
Transcription d'une interview de John Dickerson diffusée le 23 août 2015 sur CBS à l'émission *Face the Nation* (« Trump, Christie & Cruz »). CBSNews.com.

[*www.cbsnews.com/news/face-the-nation-transcripts-august-23-2015-trump-christie-cruz/*].

POLITIQUE D'IMMIGRATION

«Nous hébergeons des types très malfaisants dans ce pays. Il convient de les virer et de les renvoyer d'où ils viennent. Nous examinerons ensuite la question d'un œil très critique avant de nous décider et d'échafauder un projet qui, je crois, sera satisfaisant pour tout le monde. Nous verrons ce que nous verrons. Nous devons avoir la main haute sur tout cela et faire ce qu'il convient de faire. Certains devront partir et les autres… Enfin, nous verrons bien ce qui arrivera. Il s'agit d'un très vaste sujet, complexe par surcroît.»

Source :

«Les problèmes de Donald Trump ne font que commencer», par John Cassidy, *The New Yorker*, le 28 juillet 2015. [*www.newyorker.com/news/john-cassidy/donald-trumps-troubles-are-just-beginning*].

Mise en contexte :

Selon Pew Research Center, en 2014, on comptait 11,3 millions d'immigrants illégaux aux États-Unis, dont 52 pour cent de Mexicains. Les illégaux constituaient 5,1 pour cent de la main-d'œuvre globale, soit 8,1 millions de travailleurs ou de demandeurs d'emploi. En 2012, environ 7 pour cent des élèves du primaire au secondaire avaient au moins un parent ayant immigré illégalement aux États-Unis.

Pour compliquer les choses, la frontière poreuse qui existe entre les États-Unis et le Mexique permet aux Mexicains expulsés de simplement récidiver et de trouver refuge dans des villes dites «sanctuaires», où la loi leur permet de ne pas dévoiler leur statut de migrants lorsqu'ils sont appréhendés.

Dans *C'est le moment de nous montrer inflexibles : redonnons sa grandeur* à l'*Amérique*, Trump expose un plan détaillé, hérissé de contraintes physiques, juridiques et politiques pour ralentir le flot d'émigrants illégaux : construire un mur à la frontière américaine ; engager 25 000 douaniers supplémentaires ; utiliser des drones de type Predator ; appliquer strictement la loi en matière d'immigration ; modifier les centres de détention qui, à son avis, ressemblent davantage à des hôtels qu'à des prisons ; s'opposer au DREAM Act, qui prévoit accorder une carte de résident à certaines personnes entrées illégalement en tant que mineurs aux États-Unis et leur accorder de généreux escomptes sur les frais d'éducation universitaire ; enfin, modifier la loi permettant d'accorder la nationalité américaine aux enfants nés aux États-Unis, peu importe le statut juridique de leurs parents.

Plus récemment, dans un rapport publié par Trump sur le site Internet de sa campagne (*www.donaldjtrump.com*), il a mis à jour ses conditions, lesquelles s'articulent autour de trois points principaux : (1) « Une nation sans frontières n'est pas une nation. Un mur doit être construit à la frontière sud du pays. (2) Une nation dénuée de lois n'est pas une nation. Les lois adoptées en vertu de notre Constitution doivent être strictement appliquées. (3) Une nation qui ne sert pas ses citoyens n'est pas une nation. Tout programme d'immigration doit viser à améliorer l'emploi, les salaires et la sécurité pour tous les Américains. (Ce rapport s'intitule : « Une réforme de l'immigration pour redonner sa grandeur à l'Amérique. »)

Les objectifs de base sont : « de faire payer l'édification d'un mur frontalier par le Mexique ; de défendre les lois et la Constitution des États-Unis ; de tripler le nombre d'agents d'immigration; de se livrer à des vérifications sur Internet à travers le pays; l'extradition systématique de tous les étrangers coupables d'actes criminels; la détention véritable des contrevenants et non leur libération quasi automatique; la disparition des «villes sanctuaires»; des amendes élevées pour les personnes dont la durée du séjour excède la durée de leur visa; une coopération avec les équipes locales de répression; la fin de l'obtention de la nationalité par la naissance.»

Les remarques incendiaires de Trump sur les immigrants illégaux, principalement les Mexicains, ont provoqué une levée de boucliers publique, notamment dans la communauté hispanique.

Trump a l'impression qu'au cours de la prochaine élection présidentielle les Hispano-Américains voteront en masse pour lui, car il se fie à un sondage effectué auprès de quelques douzaines de républicains issus de ce groupe ethnique. Par contre, un sondage mené par NBC News et le *Wall Street Journal* auprès de 250 Latino-Américains donne une tout autre image de la situation: 13 pour cent des personnes interrogées se sont dites d'accord avec Trump, 14 pour cent contre, et 61 pour cent se sont montrées fortement opposées à ses idées, ce qui donne un total de 75 pour cent de réactions négatives. («Un sondage-choc: les Latinos n'aiment vraiment pas Trump», par Philip Bump, *The Washington Post*, le 3 août 2015.)

Dans le *Washington Post* du 18 août 2015, Ruth Marcus cite le rapport sur le projet Hamilton, qui concluait qu'il existait un consensus chez les économistes selon lequel l'ensemble des impôts payés par les immigrants et leurs descendants dépassait les avantages sociaux dont ils pouvaient bénéficier, et que ces personnes représentaient donc un aspect nettement positif pour le budget fédéral. Mme Marcus précise : « Les immigrants illégaux n'ont pas droit aux timbres d'alimentation, à Medicare, à la Sécurité sociale ou à l'assurance-emploi. En fait, ils acquittent souvent des taxes fédérales et versent plus de 12 milliards, simplement pour la Sécurité sociale, sans pouvoir même en bénéficier. » (« Les fausses hypothèses à la base de la politique d'immigration de Trump », le 18 août 2015.)

ISRAËL

« Le seul candidat qui va donner son appui à Israël, c'est moi. Pour les autres, c'est beaucoup de paroles et pas d'action. Il est vrai qu'il s'agit de politiciens. J'ai été loyal envers Israël depuis le jour de ma naissance et, avant moi, il en était de même pour mon père, Fred Trump. Je suis le seul qui puisse fournir à Israël le genre d'appui indéfectible dont ce pays a besoin.

« Je connais tant de gens en Israël et j'y ai tant d'amis. Tout d'abord, les Israéliens sont des gens d'affaires réputés. Ils ont un instinct naturel pour le *business*, et leurs *start-ups* sont super. Je fais constamment affaire avec les Israéliens et je commerce constamment avec des juifs, qu'ils soient Israéliens ou non. »

Source :
« Donald Trump déclare qu'il n'est pas un "apprenti" (allusion à son émission de téléréalité *The Apprentice*) lorsqu'il s'agit d'Israël », par Jacob Karmas, JNS.org ; Algemeiner.com, le 29 juin 2015.

[*www.algemeiner.com/2015/06/29/donald-trump-im-no-apprentice-when-it-comes-to-israel-interview/*].

ACCUSATIONS DE CRÉTINISME

«Suis-je censé supporter que l'on me traite de crétin? Il faut donc riposter.»

Source :
«Donald Trump éreinte Anderson Cooper au cours de l'interview intitulée "Les gens ne vous font pas confiance" – Attention!», par Francesca Bacardi, le 23 juillet 2015.

[*www.eonline.com/news/679254/donald-trump-slams-anderson-cooper-during-interview-the-people-don-t-trust-you-watch-now*].

Mise en contexte :
Le 21 juillet 2015, à l'émission de CBS *This Morning*, le sénateur républicain Lindsey Graham a déclaré : «Je me fiche s'il abandonne la course ou s'il y reste. Qu'il arrête, avant tout, de faire le crétin. Il n'est pas nécessaire de se présenter aux élections présidentielles pour être le plus grand idiot du monde.» Plus tard au cours de la même journée, Graham précisa sa pensée lors d'une interview qu'il accordait à Kate Bolduan, de CNN. «Trump joue au crétin, alors que nous avons besoin d'un sérieux débat sur l'avenir de notre parti et de notre pays. Il a été trop loin; c'est le commencement de la fin pour Donald Trump. J'en ai vraiment ras le bol.»

Lors d'une interview au magazine *Playboy*, en mars 1990, Trump avait expliqué que lorsque quelqu'un lui assénait un coup bas, il ripostait deux fois plus fort et que lorsqu'on lui cherchait des histoires, on trouvait à qui parler et on en assumait les conséquences. «Ces gens ne reviennent pas en redemander, a-t-il dit, car je n'aime pas que l'on me bouscule ou que l'on profite de moi…»

Graham paya le prix de son audace en devenant la cible de Trump, qui avait d'ailleurs donné 2600$ pour la campagne de réélection du sénateur en 2014. «Qui est ce gars, au juste? Un mendigot?» commenta le milliardaire. Il rendit ensuite public le numéro privé du téléphone portable de Graham en ajoutant: «Lorsqu'on est un gros zéro dans les sondages, on s'en fout. On n'a rien à perdre.» («"Crétin","idiot": Graham et Trump s'échangent des invectives», par Andrew Shain, TheState. com, le 21 juillet 2015.)

Graham changea plus tard d'appareil téléphonique portable et de numéro.

LA CRÉATION D'EMPLOIS

Le 5 octobre 2012, Trump déclarait à Chris Wallace, qui était alors correspondant de la NBC à la Maison-Blanche: «J'emploie des milliers et des milliers de travailleurs qui n'auraient pas de *job* si toutes les choses que j'ai construites n'existaient pas. Je dispose d'un personnel de 25 000 à 30 000 personnes, et ce, grâce à ce que j'ai pu accomplir au cours des quatre ou cinq dernières années. Je pense que plein de gens m'en sont très reconnaissants.» (CNN.com rapporte que «l'Organisation Trump emploie 22 000 personnes.» C'est du moins ce qu'affirme un texte rédigé par le personnel de la rédaction de CNNPolitics.com, en date du 5 octobre 2012.)

Source :

« Rétrospective vidéo : lors d'une interview à '88, la NBC s'en prit à Donald Trump, critiqua sa candidature à la présidence et sa richesse. » (Par Rich Noyes, Newsbusters. org, le 27 juillet 2015.)

[*http ://newsbusters.org/blogs/nb/rich-noyes/2015/07/17/video-flashback-88-inteview-nbc-pushed-donald-trump-presidential-run*].

MEGYN KELLY

Le 6 août 2015, lors du premier débat présidentiel républicain, Megyn Kelly, la modératrice de la chaîne Fox, prit Trump de court en lui déclarant : « Vous avez déjà qualifié les femmes que vous n'aimez pas de "grosses truies", de "chiennes", de "bonnes à rien"… Lorsque Trump rétorqua que ces propos ne s'adressaient qu'à l'animatrice de télé Rosie O'Donnell, Mme Kelly lui répondit qu'elle avait la preuve du contraire. « Votre compte Twitter contient plusieurs commentaires désobligeants sur l'apparence de femmes. Ainsi, vous avez dit un jour à une concurrente qui se présentait à l'émission *Celebrity Apprentice* qu'elle ferait une belle photo si elle s'agenouillait. Pensez-vous que ce soit là le comportement d'un homme que nous devrions élire à la présidence ? »

« Je pense que le gros problème de ce pays est de se montrer politiquement correct. J'ai été pris à partie par tellement de monde que, franchement, je n'ai pas de temps à perdre pour une forme de rectitude politique intégriste. […] Je me suis montré très gentil avec vous, bien que j'aurais bien pu ne pas l'être, si j'en juge la manière dont vous m'avez traité. Mais je ne ferai pas cela. »

113

Le jour suivant, sur MSNBC, à l'émission *Morning Joe*, Trump a tenu à clarifier ses propos. «Pour ce qui est de la question des femmes, je n'ai guère dit de choses désobligeantes et je ne me souviens pas de l'épisode de *The Celebrity Apprentice*, pas plus de ce que j'ai bien pu dire, je vous l'assure. En fait, je vais demander à quelqu'un d'appeler et de trouver d'où nous viennent ces mots-là…»

Cette controverse provoqua une tempête dans un verre d'eau, mais le chef de la direction de Fox appela Trump et lui expliqua que l'on pouvait régler ce différend sur-le-champ ou s'embarquer dans une guerre. À la fin de la journée, les chiens de guerre étaient dans leur niche.

CHARLES KRAUTHAMMER[***]

Le célèbre chroniqueur Charles Krauthammer, qui est paraplégique, a qualifié Trump de «clown de rodéo». Trump a répliqué lors d'une interview de la NBC: «Comme ça je me fais insulter par un bonhomme qui n'est pas foutu de s'acheter lui-même un pantalon? Il ose?

«Charles Krauthammer est une personne très surfaite qui me déteste royalement, même si je ne l'ai jamais rencontré. Ce type complètement surévalué ne sait pas ce qu'il fait. Il était en faveur de la guerre en Irak. Il voulait aller en Irak, et savez-vous quoi? Y rester en permanence. C'est comme ça avec les individus surfaits. Je vois

[***] Journaliste d'origine montréalaise (prix Pulitzer), médecin diplômé de Harvard, psychiatre, auteur, il est l'un des plus influents commentateurs politiques aux États-Unis. (NDT)

à qui j'ai affaire et vous connaissez aussi leurs noms. Au fait, allez-vous mentionner ceux qui réussissent comme Trump? Vous vous en gardez bien, n'est-ce pas?»

Source :

«Donald Trump insulte un chroniqueur handicapé à l'occasion d'une interview», par Dieter Holger, Inquisitr. com, le 11 juillet 2015.

[*www.inquisitr.com/2244736/donald-trump-insults-disabled-columnist/*].

Mise en contexte :

La réplique de Trump ne surprendra pas ceux qui connaissent son style de joute oratoire. Lorsqu'il se sent attaqué, il sort la grosse artillerie. En ne faisant pas preuve de rectitude politique, il passe pour un contrevenant, certes, mais qui ne fait rien d'autre que de recourir à une forme d'égalité des chances. Il frappe ses détracteurs là où ça fait mal, une caractéristique qui ravit ses électeurs. En effet, ceux-ci préfèrent un langage de base à celui, plus filandreux, qu'utilisent les politiciens. C'est d'ailleurs une des raisons de son succès dans les sondages et pourquoi il a l'impression qu'il n'a pas à accepter de remarques de la part de ses critiques.

LE LEADERSHIP

«Comment définit-on le leadership? Il s'agit là d'un mot très étrange. Certaines personnes possèdent cette qualité; d'autres ne la possèdent pas et nul ne sait pourquoi. Tenez, prenez Winston Churchill, un incroyable leader. Pourquoi? Lorsqu'il était enfant, il éprouvait des difficultés d'élocution et toutes sortes de problèmes. Il n'était certainement pas beau et, pourtant, c'était un grand leader. Pourquoi ? Personne ne le sait, mais c'est néanmoins l'évidence. »

Source :

« Transcription : Donald Trump annonce le projet pour former un comité exploratoire présidentiel », *Larry King Live*, CNN.com, le 8 octobre 1999.

[*www.cnn.com/ALLPOLITICS/stories/1999/10/08/ trump.transcript/*].

JOHN McCAIN, HÉROS DE GUERRE

« Ce n'est pas un héros de guerre. On raconte qu'il est un héros parce qu'il a été fait prisonnier. J'aime les gens qui ne se laissent pas capturer. »

Source :

« John McCain déclare que les remarques de Trump à son endroit lui causeront du tort chez les anciens combattants », par Alan Rappeport, First Draft, *The New York Times*, le 20 juillet 2015.

[*www.nytimes.com/politics/first-draft/2015/07/20/john- mccain-says-donald-trump-remarks-will-hurt-him-among- veterans/*].

Mise en contexte :

En Iowa, lors d'un événement organisé par des socioconservateurs, Trump sembla dénigrer le sénateur John McCain, un ancien prisonnier de guerre des Nord-Vietnamiens. Ces commentaires ont attiré les foudres des anciens combattants, y compris McCain, qui déclara lors de l'émission *Morning Joe,* diffusée sur

MSNBC : « Je crois qu'il doit des excuses aux familles des vétérans qui se sont sacrifiés dans ce conflit et de ceux qui ont connu la captivité en servant leur patrie. »

Lors d'un appel téléphonique retransmis durant le spectacle télévisé *Today*, Trump déclara que les médias l'avaient mis au pilori pour un commentaire tiré hors de son contexte. « Je respecte aussi beaucoup ceux qui ne se font pas capturer, car personne n'en parle. Pour en revenir à John McCain, je pense qu'il est brave, que c'est très bien tout ça, mais que nous ne parlons jamais de ceux qui ne se sont pas laissé capturer et c'est ce que j'essayais de dire… »

UN SYSTÈME AU MÉRITE POUR LES IMMIGRANTS

« Je suis un grand partisan du système au mérite. Je dois vous dire que certains des immigrants sans papiers ont accompli du bon boulot chez nous, malgré le fait que, dans certains cas, ils devaient vivre dans la clandestinité. […] Si parmi ces gens certains se montrent excellents, il y aura toujours moyen de penser à des arrangements. Toutefois, avant de faire quoi que ce soit, il nous faut sécuriser la frontière car, pour le moment, c'est comme si elle n'existait pas. »

Source :
« Donald Trump suggère la création d'un système "au mérite" pour les immigrants sans papiers », par Brent Johnson, NJ.com, le 25 juillet 2015.

[*www.nj.com/politics/index.ssf/2015/07/donald_trump_hints_at_merit_system_for_undocumente.html*].

Mise en contexte :

Trump s'est fait largement interpeller pour la violence de ses commentaires sur les immigrants mexicains illégaux, mais il les a toutefois tempérés en concluant qu'il croyait que certains d'entre eux n'en étaient pas moins de braves gens.

Lorsqu'on lui demanda de clarifier sa position, lors d'une interview accordée à Fox News (*Media Buzz,* le 5 juillet 2015), il a répondu : «Je ne crains pas de présenter mes excuses lorsque c'est nécessaire, mais je ne peux pas m'excuser pour ce qui est exact. J'ai dit que beaucoup de criminels traversaient la frontière. Tout le monde sait que c'est vrai. Ça arrive tout le temps. Pourquoi, tout à coup, devrais-je être qualifié de raciste dès que je soulève ce problème ? Je ne suis pas raciste. Je n'ai pas une once de racisme en moi… »

Trump était d'avis que ses commentaires avaient été pris hors de leur contexte.

MEURTRE À SAN FRANCISCO

«Cet homme – ou plutôt cet animal – qui a abattu cette merveilleuse et jolie femme à San Francisco nous a été réexpédié par les bons soins du Mexique. Nous extradons ces truands, et ils nous les renvoient par la frontière. Ce sont des criminels, des *dealers*, des drogués. Ils nous causent de gros problèmes en termes de meurtres, de viols… […] Si quelqu'un est immigrant illégal, il n'a rien à faire chez nous. Et je ne parle pas seulement du Mexique. […] Et avant de parler de citoyenneté, nous devrions parler d'abord du statut légal des immigrants.

Dites-vous bien qu'avant même de penser à cela, il nous faut construire un mur. Un vrai mur, et non une passoire…»

Source :
«Jan Brewer (22ᵉ gouverneure de l'Arizona) rapporte les propos de Donald Trump sur la réalité de la situation», par Susan Jones, CNSNews.com, le 9 juillet 2015.

[*www.cnsnews.com / news / article / susan-jones- / jan-brewer-donald-trump-telling-it-it-really-truly*].

Mise en contexte :

«L'animal» auquel Trump faisait allusion s'appelle Juan Francisco Lopez-Sanchez, un immigrant illégal expulsé cinq fois. Sanchez, condamné à quatre reprises pour possession de stupéfiants et à dix-sept ans de prison pour de multiples entrées illégales aux États-Unis, est accusé d'avoir fait feu sur Kathryn Steinle, une dame qui se promenait en famille sur un quai de San Francisco. L'accusé a déclaré avoir trouvé sur le quai une arme de poing enveloppé dans une chemise et qu'elle s'était déchargée accidentellement lorsqu'il l'avait ramassée. Sanchez a plaidé non coupable. On a découvert que le pistolet appartenait à un agent fédéral américain.

Jan Brewer, la gouverneure de l'Arizona, salua Trump pour avoir attiré l'attention sur la question de l'immigration illégale. Le 8 juillet 2015, elle déclara à Don Lemon, de la chaîne CNN, que Donald Trump présentait la situation telle qu'elle existait vraiment. «À titre de gouverneure de l'Arizona, un État qui est l'une des portes de l'immigration illégale depuis six ans, je peux dire que nous avons eu beaucoup de problèmes à ce chapitre. Je pense que nos citoyens sont conscients du fait qu'ils paient les pots cassés pour la grande majorité

des actes violents occasionnés par les cartels de trafi-
quants, par les contrebandiers et les passeurs clandestins
(ou «coyotes») et par leurs planques à migrants. C'est
affreux. Évidemment, ce trafic passe par l'Arizona, puis
finit par s'étendre partout aux États-Unis.»

LES ARMES NUCLÉAIRES

«Je pense que nous avons besoin d'une protection
massive. Malheureusement, c'est le nucléaire qui nous
l'assure. De nos jours, il ne s'agit plus d'avoir un million
de soldats. Nous avons besoin de protection parce que
la Corée du Nord possède des armes nucléaires, l'Iran
est en passe d'en avoir, le Pakistan les a, et l'Inde également. Espérons que ce dernier pays demeure un peu
plus de notre côté que les autres. Bref, ça fait beaucoup
de monde dans le club du nucléaire. Et puis, dans ce
domaine, la Russie et la Chine se trouvent dans les ligues
majeures. Vous savez, voilà un mois, j'ai été choqué
d'entendre Poutine déclarer quelque chose du genre:
"Ne nous cherchez pas querelle. N'oubliez pas que nous
avons des armes nucléaires…" C'est la première fois que
j'entends ce genre de langage de la part d'une grande
puissance. Vous en souvenez-vous?»

Source:

«Donald Trump sur des sujets pour 2016», par Hugh
Hewitt, transcription, HughHewitt.com, le 3 août 2015.

[*www.hughhewitt.com/donald-trump-on-things-2016/*].

Mise en contexte:

Trump a déclaré à *Newsmax* qu'il s'opposait à l'entente
que l'administration Obama avait conclue avec l'Iran.
Comme il l'a laissé entendre aux journalistes: «Cette

entente ouvre la porte à une course aux armes nucléaires au Proche-Orient, qui est la région la plus instable du monde. Pour Israël, c'est un fait abominable, voire catastrophique. » (TeaParty.org, le 14 juillet 2015.)

DES VEXATIONS POUR LES HISPANO-AMÉRICAINS

«Eh bien! Ils ne devraient pas se sentir offensés, mais ce que j'ai dit demeure exact. Les États-Unis sont devenus le dépotoir du monde entier. Nous devons 19 billions et ça risque d'augmenter à 20, 22 ou, pourquoi pas?, jusqu'au chiffre magique de 24 billions! Un chiffre vraiment calamiteux parce qu'il s'agit du point de non-retour.

«Nous ne pouvons nous payer une telle catastrophe. Nous avons des leaders incompétents. Le président est un incompétent et nos négociateurs aussi. D'un autre côté, le Mexique possède d'excellents négociateurs. Je tiens à faire remarquer que j'aime le peuple mexicain, que je le respecte et que je respecte leur pays.

«Mais les faits sont tels que si j'étais président, croyez-moi, ça ne se passerait pas du tout comme ça se passe aujourd'hui. Et je peux vous affirmer que les États-Unis finiraient par avoir de bien meilleures relations avec le Mexique qu'à l'heure actuelle. Ces deux pays s'adoreraient parce que maintenant il existe une incroyable animosité entre Washington et Mexico, malgré le fait que c'est le Mexique qui empoche tous les profits. Nous sommes en train de nous laisser littéralement bouffer. Je termine en disant ceci : j'aime vraiment le Mexique et les Mexicains. Il n'y a rien à rajouter. Si j'étais président, les États-Unis redeviendraient un pays fabuleux. »

Source :

« Transcription : Interview exclusive de Donald Trump par la chaîne hispano-américaine Telemundo », par José Díaz-Balart, NBCUniversal Media Village, Noticiero Telemundo, le 25 juin 2015.

[*http://www.nbcumv.com/news/transcript%C2%A0-donald-trump-exclusive-telemundo-interview*].

LOI SUR LA PROTECTION DE LA SENSORIALITÉ DU FŒTUS

« Je défends la loi sur la protection de la sensorialité des enfants non encore nés et encourage le Congrès à l'adopter. Cette interdiction d'interrompre volontairement une grossesse après la vingtième semaine devrait protéger ces petits êtres. Nous ne devrions pas faire partie de ces sept pays qui autorisent les interruptions volontaires de grossesse après vingt semaines. Ce genre d'acte va à l'encontre de nos valeurs. »

Source :

« Just In : *Brody File*, en exclusivité : Donald Trump défend la loi interdisant les avortements au-delà de 20 semaines », par David Brody, CBN News, diffusé pour la première fois en avril 2011.

[*http://blogs.cbn.com/thebrodyfile/archive/2015/07/22/just-in-brody-file-exclusive-donald-trump-comes-out-in.aspx*].

SARAH PALIN

« Je ne crois pas qu'elle accepterait (d'être vice-présidente des États-Unis), parce que ma réponse est que j'aime beaucoup Sarah Palin. Je crois que Sarah Palin a eu très mauvaise presse et que les médias l'ont fort malmenée. Pour ce poste, je choisirais quelqu'un de haut niveau, quelqu'un capable de remplacer le président au cas où quelque chose arriverait. J'ai en tête beaucoup, beaucoup de gens qui, à mon avis, feraient très bien l'affaire. »

Source:

« Transcription de *This Week*: Donald Trump », une interview par Jonathan Karl, ABC News, le 2 août 2015.

[*http://abcnews.go.com/Politics/week-transcript-donald-trump/story?id=32829376*].

Mise en contexte:

En mai 2015, lors d'une réunion qui avait lieu à l'hôtel de ville de Livingston, au New Jersey, on demanda au gouverneur Chris Christie, candidat à la présidence, s'il estimait que Sarah Palin pourrait être son éventuelle colistière. Il répondit par l'affirmative, en ajoutant qu'il n'existait guère de personnes possédant une expérience aussi vaste. « Si j'en juge par votre réaction aujourd'hui, pourquoi pas ? En fait, oui, je choisirais Sarah Palin », ajouta-t-il.

Trump, pour sa part, évita de se compromettre. Sachant pertinemment que le poste de vice-président n'est qu'à un cheveu de la présidence, il semble hésiter à se prononcer sur un tel choix pour des raisons qu'il n'a pas divulguées. Il faut dire que la peu convaincante interview de Sarah Palin par Katie Couric, en 2008, a peut-être eu un rôle à jouer dans ce retrait de soi.

Le 28 août 2015, Mme Palin a interviewé Donald Trump sur le réseau One America News. Les deux célébrités s'échangèrent maints compliments. Trump lui déclara, entre autres : « Il est attristant de constater ce qui se passe dans ce pays – un fait que vous n'avez pas manqué de signaler depuis des années. Je dois vous dire que vous êtes une personne extraordinaire. […] L'une des raisons pour lesquelles je vous ai toujours aimée, Sarah, c'est pour la relation que vous entretenez avec nos anciens combattants. »

LA PLANIFICATION FAMILIALE

« Je suis contre l'avortement. […] Et ils accomplissent un travail énorme. »

Source :
« Donald Trump suscite une levée de boucliers pro-féministe à propos de ses idées sur la planification familiale », déclare Nina Bahadur sur HuffingtonPost. com, le 10 septembre 2015. Elle cite Whoopi Goldberg qui, dans *The View*, explique que les services de planification familiale ne pratiquent des interruptions de grossesse que sur 3 pour cent des femmes qui y recourent et que le reste de leurs interventions ne traite que de problèmes de santé féminine en général. De plus, ces 3 pour cent de frais ne sont pas financés par le gouvernement fédéral ; autrement dit, les impôts des particuliers ne sont pas utilisés à des fins d'inter-ruptions de grossesse. D'un autre côté, si l'on cessait

de financer la planification familiale, des millions de femmes seraient privées de soins de santé. «Puisque vous êtes si sensible au sort des Syriens, vous pourriez étendre votre compassion aux femmes de ce pays…», conclut Mme Goldberg.

[*www.huffingtonpost.com/2015/09/10/donald-trump-gets-womansplained-on-planned-parenthood_n_8118150.html*].

Mise en contexte :

Le rapport annuel 2013-2014 de la Planification familiale mentionne que les interruptions de grossesse représentent 3 pour cent de ses services, que 42 pour cent de ces mêmes services sont consacrés à la détection et aux soins concernant les maladies transmises sexuellement, 9 pour cent à la détection du cancer et à sa prévention, 11 pour cent à d'autres services ayant trait à la santé féminine et un pour cent pour des services divers.

L'IMPOTENCE DES POLITICIENS

«Tout au long de mon existence, j'ai bien observé les politiciens pour avoir eu l'occasion de faire affaire avec eux. Si vous ne parvenez pas à traiter fructueusement avec un politicien, c'est que quelque chose ne va pas chez vous. Cela veut dire que vous n'êtes pas très fort. Ce sont les gens qui nous représentent, mais ils ne redonneront jamais sa grandeur à l'Amérique. Ils n'en ont pas l'ombre d'une chance, car ils sont pleinement sous la coupe des lobbyistes, des donateurs et des intérêts particuliers.»

Source:

« Transcription de Donald Trump, "Notre pays a besoin d'un vrai grand leader"», par Federal News Service, *The Wall Street Journal*, le 16 juin 2015.

[*http://blogs.wsj.com/washwire/2015/06/16/donald-trump-transcript-our-country-needs-a-truly-great-leader/*].

Mise en contexte:

L'atout de Trump est que, contrairement à ce qui se fait généralement, il ne répond pas à la définition classique du politicien, surtout celui qui aspire à obtenir l'investiture présidentielle. Dans son optique, les politiciens sont victimes des campagnes de financement. Ils sont en quelque sorte stipendiés par leurs commanditaires qui bercent l'espoir d'un retour de bons procédés une fois leur candidat au pouvoir. Étant lui-même richissime, il n'a pas à dépendre de qui que ce soit pour sa campagne et ne se trouve donc pas tributaire de quelque groupe d'intérêts que ce soit. À l'inverse des autres candidats à la présidence, le copinage politique n'a pas de prise sur lui.

LE MANQUE DE LEADERSHIP
DU PRÉSIDENT OBAMA

« Nous avons vraiment besoin de leadership. Il faut être capable de réunir des gens dans une pièce de façon qu'il en jaillisse quelque chose d'avantageux pour tout le monde, que ce soit un compromis ou une autre décision. Seulement voilà, il faut parvenir à les rassembler dans cette pièce et savoir mener le jeu. Ce n'est pas ce qui s'est passé avec le président Obama. »

Source :

«Donald Trump : "Je paie, si possible, un minimum d'impôt", par Rebecca Kaplan, *Face the Nation*, CBS News, le 2 août 2015.

[*www.cbsnews.com/news/donald-trump-i-pay-as-little-as-possible-in-taxes/*].

Mise en contexte :

Trump n'est pas un admirateur d'Obama. Comme il le mentionnait à Jonathan Karl, le 2 août 2015, lors de l'émission *This Week* sur les ondes d'ABC News : «Je pense qu'à titre de président, il n'a accompli qu'un très piètre travail. Nous avons 18 000 milliards de dollars de dette et ça augmente rapidement. […] Je crois qu'il s'est fixé des objectifs insignifiants et qu'il a placé la barre trop bas. C'est une honte pour les Afro-Américains. En fait, il n'a rien fait pour les *Blacks*. Regardez ce qui se passe avec leur niveau de vie. Regardez ce qui se passe avec leurs jeunes. Je pensais qu'il se montrerait un *cheerleader*, un meneur de jeu pour ce pays. Je pensais qu'il accomplirait des merveilles pour nos Afro-Américains.» («Transcription de "*This Week*", Donald Trump», une interview de Jonathan Karl, ABC News, *abcnews.go.com*, 2015.)

Le 2 août 2015, après avoir examiné les faits, Politifact.com en vient à la conclusion suivante :«Trump est dans l'erreur sur bien des points importants.Il affirme, par exemple, que sous l'administration Obama le niveau de rémunération et d'emploi des Afro-Américains est pire que ce qu'il était auparavant ou encore qu'il n'avait pas connu d'amélioration. Des statistiques sérieuses prouvent pourtant que c'est tout le contraire qui s'est produit sous le mandat de l'actuel président des États-Unis. Quant aux programmes qui ont connu une certaine stagnation ou de moins bons résultats, on peut tout de même les considérer comme positifs à la lumière des événements récents.

Nous pouvons donc qualifier les affirmations de M. Trump comme étant fausses.

L'ENGAGEMENT PRÉSIDENTIEL

Lorsqu'on lui demanda s'il considérait son engagement comme étant semblable à celui du dissident Ross Perot pendant la course à la présidence en 1992, Trump répondit : «Non, je ne considère pas l'option de Ross Perot comme étant un mouvement. Moi, j'anime un mouvement, un mouvement différent de ce que vous n'avez jamais connu précédemment. Un mouvement de citoyens en colère, tristes, déçus, désabusés par tout ce qui a pu arriver à leur pays, de citoyens endeuillés. Les gens qui ont perdu des enfants [à cause des immigrants illégaux] les pleurent. J'ai parlé à une de ces mères qui est venue me voir l'autre jour ; elle avait perdu son fils voilà cinq ans. On aurait cru que ça lui était arrivé hier. Leur vie est sacrément foutue. Elle ne sera jamais plus heureuse.

«Ma campagne a pour objectif de redonner sa grandeur à l'Amérique.»

Source :
«En écoutant Donald Trump jurer et parler de politique à bord de son avion privé», par Robert Costa, *The Washington Post*, le 12 juillet 2015.

[*www.washingtonpost.com/news/post-politics/wp/2015/
07/12/listening-to-donald-trump-swear-and-talk-politics-on-
his-private-plane/*].

Mise en contexte :

Dans un article du *New Yorker* daté du 10 août 2015 et
intitulé « L'argumentaire de vente de Donald Trump »,
James Surowiecki résume le tout en ces termes : « On
ne saurait demander une meilleure illustration de la
complexité des attitudes que l'Américain moyen peut
adopter envers les questions de classe, de richesse et
d'identité sociale. C'est ainsi que la popularité d'un
milliardaire auprès des ouvriers lui assure une avance
dans la course à la direction du Parti républicain. Lors
d'un récent sondage commandé par le *Washington Post/*
ABC, Trump était le candidat de choix d'un gros tiers
des républicains de race blanche n'ayant pas fréquenté
l'université.

LA PERCEPTION DU PUBLIC

« Je pense que les gens me considèrent comme
quelqu'un qui aime son pays, mais plus encore comme
quelqu'un qui ne laissera plus les autres le dépecer
vivant. Tout le monde profite de nous et je crois que mes
partisans en sont conscients, qu'ils estiment que je suis
intelligent et que mes décisions sont opportunes. Mais,
par-dessus tout, ils voient en moi une personne qui aime
son pays, qui se passionne pour son sort et qui ne laissera
pas la Chine ou l'OPEC en tirer profit plus longtemps.
Je vous le dis. Si le pétrole augmente encore, ce pays va
connaître un effondrement économique majeur que
nous n'avons pas les moyens de nous permettre. Nous ne

pouvons laisser cela arriver. En résumé, je crois que mes supporteurs me considèrent comme un gars intelligent et un dur à cuire. »

Source :
« Interview de Donald Trump, transcription, 2ᵉ partie »,
par George Stephanopoulos, ABC News, 19 avril 2011.

[*http://blogs.abcnews.com/george/2011/04/donald-trump-interview-transcript-part-two.html*].

Mise en contexte :

Dans un article du *Washington Post* publié le 15 août 2015 et intitulé «Donald Trump attire beaucoup d'électeurs – même certains démocrates – par son bon sens», David Weigel écrit : « Trump trouve chez les cols bleus une oreille favorable en évoquant le rôle de la Chine dans les ententes commerciales internationales et le prochain retour au travail des Américains. Jerry Hubbard, un retraité qui vit à Flint, au Michigan, et qui a vécu l'érosion dévastatrice des emplois reliés au secteur de l'automobile, m'a déclaré : "Je travaillais à l'Atelier 36. C'est fini. Ce lieu est retourné au stade géologique. Démolir un tel endroit, créé par General Motors, est un sacrilège.[…] Nombre des propos de Trump me touchent, comme l'immigration et les emplois qui s'en vont en Chine. Notre région en a vraiment souffert. J'aime un candidat qui se tient debout."»

LE SCEPTICISME DU PUBLIC

« Les gens ont d'abord dit que je ne me présenterai jamais et je me suis présenté. Ils ont dit ensuite que je ne déposerai jamais ma déclaration de candidature auprès de la Commission électorale fédérale et je l'ai fait.

Ensuite, ils ont raconté que je ne présenterai pas mes états financiers personnels. Eh bien ! Je les ai déposés, et en avance, s'il vous plaît, malgré le fait que j'avais droit à deux prolongations de 45 jours. Maintenant, je fracasse les sondages et me bats pour redonner sa grandeur à l'Amérique. J'ai hâte de remporter la présidence et d'accomplir un magnifique travail pour notre pays. Je rendrai non seulement les États-Unis riches, forts et respectés, mais les transformerai aussi en un pays au grand cœur pour son peuple. »

Source :
« L'équipe de Donald Trump prétend qu'en gros il "vaut" plus de dix milliards de dollars », par Igor Bobic, HuffPost Politics, HuffingtonPost.com, le 15 juillet 2015.

[*www.huffingtonpost.com/entry/donald-trump-net-worth_55a6a342e4b0c5f0322c1726*].

Mise en contexte :

L'intérêt manifesté par Trump de devenir président des États-Unis remonte à 1988, lorsqu'un activiste républicain nommé Mike Dunbar enclencha un mouvement pro-Trump. Comme Dunbar le mentionna à l'agence Associated Press : « Je crois que Trump a tout ce qu'il faut pour poser sa candidature. » Bien que le milliardaire n'exploitât point l'éventualité de se présenter, il se rendit, en octobre 1987, au New Hampshire où il fit des commentaires politiques. Il avoua plus tard que cet événement avait fait germer son intérêt pour la politique et que cet intérêt n'avait fait que croître. Au cours de la campagne présidentielle de 2000, Trump déclara au *New York Times* : « Il y a de fortes possibilités pour que je me présente, mais sous la bannière de l'Independence

Party de New York. Quelques mois plus tard, il se retira en révélant que, de toute façon, il ne pourrait gagner en se présentant comme indépendant.

Les médias rapportèrent en 2006 que Trump avait caressé l'idée de se présenter. En 2012, il attira une vive attention de la part de la presse en attaquant le président Obama en disant qu'il désirait en venir aux mains avec lui afin de bloquer sa réélection, mais, une fois de plus, il abandonna.

En 2016, les électeurs s'attendaient à ce que Trump refasse son numéro de valse-hésitation, mais, cette fois-ci, il prit la décision de se déclarer candidat à la présidence.

Dans son livre publié en 1990, *Trump: Surviving at the Top* («Survivre au sommet»), il minimise son intérêt pour la chose publique en affirmant qu'il n'est pas un politicien, qu'il ne tient pas à faire de compromis ni à se livrer à des comédies et autres bassesses indispensables pour obtenir des voix.

Mais les temps changent, et Trump aussi, et ce dernier vise maintenant le plus haut poste politique du pays.

LE COMITÉ NATIONAL RÉPUBLICAIN

«Le Comité national républicain ne m'a guère aidé. Il m'a toujours soutenu lorsque j'étais un donateur. En fait, j'étais leur chouchou. Le Comité a, je crois, fait vraiment preuve de folie. Je ne fais pas partie de leur bande. Je ne fais pas partie du groupe lorsque celui-ci s'agite pour faire ce qui est censé être d'utilité publique. Je veux faire ce qui est vraiment bénéfique pour le pays, pas seulement ce qui est profitable à des groupes d'intérêt privés qui crachent au bassinet, non plus ce qui favorise des donateurs et des lobbyistes. »

Source :
« Exclusif : Trump menace de se joindre à un tiers parti », par Kevin Cirilli et Bob Cusack, TheHill.com, le 23 juillet 2015.

[*http://thehill.com/homenews/campaign/248910-exclusive-trump-threatens-third-party-run*].

Mise en contexte :

S'il n'en tenait qu'à lui, le Comité national républicain se passerait bien de Trump, car, comme le disait quelqu'un, « ce candidat pompe tout l'oxygène dans la pièce ». En menant dans les sondages, Trump s'est catapulté sur le devant de la scène lors des trois premiers débats républicains avec les autres candidats en guise de faire-valoir. Le *Washington Post* du 5 août 2015, dans un article intitulé « Les républicains se préparent à débattre… », fait remarquer qu'en ce moment la candidature de Trump est la ligne dormante des nouvelles concernant l'investiture présidentielle. L'un des modérateurs du débat, Chris Wallace, a déclaré mardi soir sur Fox : « Nous ne voulons pas faire de *Donald Trump's Show*, mais c'est pourtant ce qui arrive… »

SE PRÉSENTER COMME INDÉPENDANT

« Je ne saurais dire si je suis le candidat. Je m'engagerai toutefois à ne pas me présenter comme indépendant. Cependant – et j'en parle à tout le monde –, je subis beaucoup d'influences. […] Je veux gagner en tant que républicain ; je veux être candidat républicain. »

Source :

«Les dix lignes qui capturent les moments-clés des dix candidats», et «Trump a été clair quant à son manque de loyauté envers le Parti républicain», par Kathleen Hennessey, Guide de la campagne 2016, *The Los Angeles Times*, le 6 août 2015.

Mise en contexte :

Avant même que ne débute le très attendu premier débat des républicains, il était clair que les premières interpellations avaient pour objectif de forcer Trump à répondre à une question qui, assurément, lui aurait attiré les huées de l'assistance, composée d'indéfectibles républicains.

C'est pourquoi Trump expliqua nettement qu'il désirait se présenter sous la bannière républicaine, mais qu'il était tout aussi clair qu'il se réservait une porte de sortie au cas où il serait nécessaire qu'il se présente comme le candidat d'un tiers parti, peu importe l'impact que cette décision pourrait avoir sur le Parti républicain. Toutefois, le 3 septembre, il signa un engagement de ne pas choisir une telle option. Le temps dira s'il choisira de tenir parole, ce qui, pour lui, n'est pas une obligation sur le plan juridique.

L'ARABIE SAOUDITE

Trump a déclaré : «J'ai du personnel. Je peux envoyer deux personnes dans une salle. L'une d'entre elles me revient avec le fric, l'autre ne me rapporte rien. C'est exactement la même chose. Nous protégeons l'Arabie saoudite. Nous y cantonnons des soldats. En passant, les Saoudiens ne nous donnent rien pour les frais que cela occasionne. Nous avons plein de soldats à travers le Proche-Orient pour protéger ces pays. Si nous les rappelons, souvenez-vous de ce qui est arrivé avec le Koweït... Nous sommes allés là-bas, nous avons récupéré leur bien et l'avons rendu à ces personnages. Nous leur prêtons main-forte et maintenant ils refusent d'investir aux États-Unis parce qu'ils trouvent que le taux de rendement sur leurs investissements n'est pas suffisamment élevé. C'est leur manière de procéder. Nous avons des soldats là-bas, nous protégeons ces gens. Et dire que si nous n'étions pas là, tout cela s'effondrerait. D'ailleurs, ça peut fort bien s'effondrer de toute façon. »

George Stephanopoulos lui a ensuite demandé : « Ainsi, vous les menaceriez de leur supprimer notre protection ? »

Trump a répondu : « Certes. Absolument. Je vais vous dire quelque chose. Le prix du pétrole va baisser, car il y a plein de pétrole à travers le monde et nombre de navires sur les mers. Ils ne savent même pas quoi faire pour s'en débarrasser. J'ai vu hier un rapport sur le sujet. Et l'Arabie saoudite pleurniche qu'il y a bien trop de pétrole. […] Avez-vous vu le rapport ? Ils veulent réduire leur production ! Pensez-vous qu'ils soient nos amis ? Ils ne sont pas nos amis. »

Source :
« Interview de Donald Trump, transcription, 1re partie », par George Stephanopoulos, ABC News, le 19 avril 2011.

[*http://blogs.abcnews.com/george/2011/04/donald-trump-interview-transcript-part-one.html*].

LE DEUXIÈME AMENDEMENT

« Il est très important que nous maintenions le deuxième amendement et que nous le préservions à tout prix. L'une des raisons est que les braves gens, les bons citoyens, respectent les lois et les normes, mais que les mauvais s'en balancent. Ainsi, si le deuxième amendement n'était pas là pour protéger nos droits et que quelqu'un nous en privait, les bons citoyens s'en trouveraient affectés, mais les mauvais n'en auraient rien à faire, car ils se foutent de tout.

« À ce chapitre, il existe à Paris des lois parmi les plus restrictives du monde. Voyez le massacre de *Charlie Hebdo*. Une vraie tuerie au cours de laquelle les victimes n'ont pas eu l'ombre d'une chance. J'ai déjà dit que si ces malheureux avaient été armés dans cette pièce, le nombre de morts aurait été bien moins élevé. Ils n'auraient pas été massacrés comme dans un abattoir. »

Source :
« Exclusif – Donald Trump : Nous devons conserver le 2e amendement sous sa forme intégrale », par A.W.R. Hawkins, Breitbart News, le 11 avril 2015.

Mise en contexte :

Le magazine satirique *Charlie Hebdo*, dont le siège social se trouve à Paris, a été attaqué trois fois par des terroristes : en 2011, en 2012 et en 2015, notamment à cause de caricatures du prophète Mahomet jugées blasphématoires. La troisième attaque fit 12 victimes.

Après cette attaque, le tirage du magazine s'éleva à 5 millions d'exemplaires (il était ordinairement d'environ 60 000). Certaines sommes furent versées en compensation aux proches des victimes.

Le directeur de la publication, Laurent Sourisseau, a déclaré qu'il ne publierait plus de caricatures ridiculisant Mahomet. Les musulmans considèrent en effet un tel acte comme étant sacrilège. On impute la dernière attaque de *Charlie Hebdo* à al- Qaïda au Yémen, qui en a revendiqué l'exécution.

L'AUTOFINANCEMENT

«Je ne suis pas un politicien. On ne peut pas m'acheter. Je ne traînerai pas aux quatre coins du pays pour mendier de l'argent afin de financer ma campagne électorale. Je ne devrai rien à personne. Si je suis élu président, je ne serai redevable envers qui que ce soit sinon à vous, le peuple américain.»

Source :
«Annonce de la candidature de Donald J. Trump à la présidence telle que faite à la tour Trump, à New York, le 16 juin 2015.» (Note : Il s'agit là du premier document destiné à être lu, mais qui, au lieu de cela, fut utilisé comme une sorte d'aperçu oratoire de son annonce.)

[*http://blog.4president.org/2016/2015/06/donald-j-trump-presidential-announcement-speech-as-delivered-at-trump-tower-in-new-york-city-on-june.html*].

Mise en contexte :
Contrairement aux autres candidats, qu'ils soient républicains, démocrates ou indépendants, Trump s'autofinance, car il en a les moyens. Bien que l'estimation de sa fortune soit variable, il demeure indiscutablement le candidat le plus riche, un milliardaire capable de puiser dans son compte en banque au lieu de compter sur un financement extérieur.

Cela lui donne un avantage immense sur ses concurrents.

Malgré sa richesse, Trump a l'impression de garder le contact avec l'homme de la rue. Dans son livre *Trump : Surviving at the Top* («Survivre au sommet»), il écrit : «Lorsque je marche dans les rues de New York et qu'environ 25 personnes, de parfaits étrangers, m'interpellent en me disant : "Salut Donald ! Comment allez-vous ?" ou encore "Continuez à faire du bon boulot !", c'est la meilleure preuve que la travailleuse et le travailleur moyens sont drôlement plus équilibrés et sûrs d'eux que les personnes prétendument «arrivées» qui les regardent du haut des fenêtres de leurs luxueux appartements.»

L'AUTOPROMOTION

«Certaines personnes laissent entendre que vous courtisez le Parti républicain pour y faire la promotion de vos divers spectacles, immeubles, clubs de golf, etc. Que leur répondez-vous ?» a-t-on demandé à Donald Trump.

«Ce n'est pas le cas. Écoutez, je suis républicain et un gars très conservateur sous bien des aspects. Enfin, sous la plupart des aspects. Mais je suis déçu et plusieurs républicains sont venus me trouver à mon bureau, dont Scott Walker et d'autres braves garçons. Ils veulent des appuis et bien d'autres choses. Qui sait exactement ce qu'ils veulent ? Bref, ils viennent me trouver et respectent mon public, parce que j'ai un auditoire imposant. Comme vous le savez, je compte des millions de supporters sur Facebook, Twitter et compagnie. Je suis cependant déçu des palabres sur Benghazi ou sur d'autres sujets comme l'impôt sur le revenu, Hillary ou le président. Tout ça signifie beaucoup de paroles et pas d'action. Ils démarrent un projet, le poursuivent et c'est la dernière fois que vous en entendez parler...»

Source :
«Donald Trump courtisant les républicains en prévision de 2016», par Hugh Hewitt, transcription, HughHewitt. com, le 25 février 2015.

[*www.hughhewitt.com/donald-trump-on-2016-and-trolling-the-gop/*].

EDWARD SNOWDEN

«Savez-vous qu'autrefois on exécutait les espions? Cependant, dans certains cercles, ce type est en train de devenir un héros. Maintenant, je suis d'avis qu'avec le temps, même les gens qui lui manifestaient quelque sympathie sont en train de changer d'opinion. […] Il faut que nous le ramenions, et ça presse! Cela prendra peut-être des mois ou des années, ce qui serait lamentable. Ce type est un salopard, et souvenez qu'il existe encore une chose qui s'appelle la peine capitale. […] Il existe des milliers de gens qui ont accès à du matériel de ce genre. Si ça continue, bientôt, nous n'aurons plus de pays…»

Source :
«Donald Trump: Snowden, le dénonciateur de la NSA, devrait être "assassiné"», par Kristin Tate, MrConservative.com, non daté.

[*http://mrconservative.com/2013/06/20087/donald-trump-nsa-whisle-blower-snowden-should-be-assasinated/*].

Mise en contexte:

La position de Trump est catégorique: pas de pitié pour les traîtres. Lors d'une interview à l'émission *Fox & Friends*, commentée par Tal Kopan pour Politico.com, le 24 juin 2013 («Trump affirme que Snowden nous a causé un tort énorme»), l'homme d'affaires soutient que Snowden est un abominable individu qui a provoqué une régression aux États-Unis. [...] «Il a dévoilé des choses que personne n'aurait imaginées possibles et je pense qu'à ce point il a obtenu des renseignements importants. C'est peut-être pour cette raison qu'il reste en Russie. Les Russes sont très rusés et doivent lui soutirer tous les tuyaux qu'ils peuvent. Ils se disent: «Un instant, ne le larguons pas si vite en Équateur ou dans un endroit similaire. Gardons-le encore quelque temps chez nous. Il a du bon matériel...»

LA CORÉE DU SUD

«Ainsi, nous défendons la Corée du Sud? Et nous envoyons notre grand porte-avions le *USS George Washington*, ainsi que des contre-torpilleurs pour défendre ce pays? Nous paient-ils seulement? Non, ils ne nous paient pas. Nous leur envoyons tous ces navires représentant des centaines de millions de dollars pour protéger la Corée du Sud de la Corée du Nord. [...] Nous avons de 20 000 à 25 000 soldats chez eux. Et, là encore, ils ne nous paient rien. Que faisons-nous? Que faut-il en penser? [...]

«Je suis incapable d'obtenir de soumissions de sociétés américaines, car la Chine tripote sa monnaie, et nous ne pouvons plus concurrencer les entreprises chinoises. [...] J'ai demandé: "N'y a-t-il pas quelqu'un qui fabrique des récepteurs de télé aux États-Unis ? " Vous connaissez d'avance la réponse. Nous n'avons trouvé personne. Les télés viennent toutes de Chine, du Japon, de la Corée du Sud. J'en sais quelque chose puisque je leur en achète des milliers… »

Source :

« Interview de Donald Trump, transcription, 2ᵉ partie », par George Stephanopoulos, ABC News, le 19 avril 2011.

[*http : / / blogs.abcnews.com / george / 2011 / 04 / donald-trump-interview-transcript-part-two.html*].

UN CANDIDAT GAGNANT

« Les politiciens – et je les connais tous – ne redonneront jamais la grandeur à ce pays. […] Je suis le candidat à la présidence qui a incontestablement le mieux réussi. Personne n'a mieux réussi que moi, même pas Ross Perot ou Mitt Romney. Je possède un magasin Gucci dont la valeur surpasse la fortune de Romney.

Source :

« Trump : Je ne ferai pas de sondage d'opinion non officiel en Iowa si tout le monde se désiste », par Jos Hafner, *The Des Moines Register*, le 2 juin 2015.

[*www.desmoinesregister.com / story / news / elections / presidential / caucus / 2015 / 06 / 01 / donald-trump-straw-poll-mitt-romney-gucci-store / 28313569 /*].

LES IMPÔTS

« Je pense aux impôts forfaitaires – un sujet que je connais bien. Ce que je n'aime pas, c'est que si vous gagnez 200 millions de dollars par année, vous payez

10 pour cent d'impôt, ce qui est relativement peu par rapport à quelqu'un qui gagne 50 000 $ et qui doit engager H&R Block pour lui faire sa déclaration au fisc parce que c'est trop compliqué.

« Je dirai au candidat à la présidence Ben Carson que nous avons depuis plusieurs années une échelle d'imposition progressive et que nous ne sommes pas socialistes pour autant. Ce que j'aimerais faire, c'est dévoiler mon plan d'ici deux semaines. Je pense que les gens l'apprécieront, car il comporte de sérieuses réductions d'impôts pour la classe moyenne. Les gars des fonds spéculatifs m'aimeront moins qu'ils ne m'aiment à l'heure actuelle. Je les connais, allez ! Mais ils devront passer à la caisse.

« Je connais des gens qui gagnent énormément d'argent et qui ne paient pratiquement pas d'impôts. Je pense que ce n'est pas juste. »

Source :

« Transcription : Lisez le texte intégral du deuxième débat des républicains », par Ryan Teague Beckwith, Time.com, le 16 septembre 2015.

[*http://time.com/4037239/second-republican-debate-transcript-cnn/*].

Mise en contexte :

Le 28 septembre 2015, lors de sa campagne, Trump fit connaître sa politique fiscale. Il proposait que les personnes gagnant 25 000 $ et moins (50 000 $ pour un couple) soient exemptées d'impôts et que le taux d'imposition des particuliers soit au maximum de 25 pour cent (contre, aujourd'hui, 39,6 pour cent pour les plus imposés). Par ailleurs, le taux de la taxe professionnelle devrait être réduit de 15 pour cent et les gains obtenus à l'étranger n'être imposés qu'une seule fois. Ce plan élimine une importante lacune dans la législation fiscale pour les gestionnaires de fonds spéculatifs, mais elle subsiste pour les propriétaires de fonds d'investissement privés. Évoquant ces nouvelles dispositions, Trump déclara : «Mon plan apportera du bon sens dans notre catastrophique politique fiscale et la simplifiera. Cela créera des emplois et encouragera des initiatives de tout genre tout en stimulant l'économie.» («Trump compte réduire les impôts pour des millions de personnes», par Monica Langley et John D. McKinnon, *The Wall Street Journal*, le 29 septembre 2015, [*www.wsj.com/articles/trump-plan-cuts-taxes-for-millions-1443427200*].)

TRUMP ET LES AUTRES CANDIDATS

Lorsqu'on a demandé à Trump pourquoi il était bien la dernière personne que le Comité national démocrate voulait voir dans la course à la présidence, il a répondu : «Parce qu'ils estiment que je suis celui qui est le plus capable de battre Hillary Clinton. Parce que je sais ce qu'il faut faire pour gagner. Je suis un gagnant. Mitt Romney ne savait pas comment gagner. Il s'étranglait et n'avait que de piètres conclusions. Mitt Romney s'était évaporé un mois avant l'élection.»

Source :
«Interview de Donald Trump : "Je ne veux pas jouer les perturbateurs"», par Heather Haddon, *The Wall Street Journal*, le 19 juin 2015.

[*http://blogs.wsj.com/washwire/2015/06/19/donald-trump- interview-i-dont-want-to-be-disruptive/*].

VACCINATION ET AUTISME

Donald Trump a écrit que les campagnes de vaccination massives et regroupées des petits enfants étaient la cause d'un accroissement des cas d'autisme et qu'il fallait répartir les séances de vaccination sur une longue période pour constater une amélioration de la situation. Lorsqu'on lui demanda s'il défendait toujours cette idée, il répondit : « Certainement, et permettez-moi de vous expliquer rapidement pourquoi. Je suis un partisan convaincu des bienfaits de la vaccination. Oui, j'y crois, mais lorsque je vois un bébé de 20 livres recevoir une série d'inoculations combinées, j'aimerais voir ces séances réparties dans le temps, pour la bonne raison que nous n'avons jamais dénombré autant de cas d'autisme. Autrefois, on n'entendait même pas parler de cette maladie. Maintenant, elle est à un niveau anormalement élevé, surtout chez les garçons. C'est incroyable. Ce que je dis, c'est que je suis cent pour cent en faveur des vaccins, mais répartis sur une certaine période, un an par exemple, avec des doses moins massives. Il n'y a pas de mal à ça, et je suis persuadé que les cas d'autisme diminueront. »

Source :
« Donald Trump courtisant les républicains en prévision de 2016 », par Hugh Hewitt, transcription, HughHewitt. com, le 25 février 2015. »

[*www.hughhewitt.com/donald-trump-on-2016-and-trolling-the-gop/*].

Mise en contexte :
Les Centres pour le contrôle et la prévention des maladies (*Centers for Disease Control and Prevention* – CDC) précisent sur leur site Internet : « Certaines personnes

s'inquiètent du fait que des troubles du spectre autistique (TSA) pourraient être causés par la vaccination des enfants, bien que des études aient démontré qu'il n'existe aucun lien entre l'inoculation de vaccins et le développement des TSA. [...] Une étude menée par les CDC, en 2013, étaya les conclusions des recherches précédentes prouvant que les vaccins ne provoquent pas de TSA. L'étude portait sur le nombre d'antigènes [...] des vaccins durant les deux premières années de vie. Les résultats ont démontré que le nombre total d'antigènes provenant des vaccins reçus était le même chez les enfants souffrant de TSA que chez ceux qui n'en étaient pas affectés. («Les vaccins ne causent pas l'autisme», déclaration des CDC: communication des autorités pédiatriques sur la rougeole, la rubéole, les oreillons et l'autisme, CDC.gov.)

LES ANCIENS COMBATTANTS

«Regardez un peu ce qui arrive à nos anciens combattants. Nos vétérans sont traités comme des citoyens de troisième classe. Ce qui se passe est horrible et, pourtant, John McCain fait mine de s'engager résolument envers les vétérans. Cependant, rien ne se passe. Il est vrai que les politiciens ont toujours le dessus.»

Source :
«Interview de Trump: "admire Palin", médias politiques "étonnamment malhonnêtes", changements climatiques réels, "nucléaire"», par Michelle Moons, Breitbart News, le 27 juillet 2015.

[*www.breitbart.com/big-government/2015/07/27/ trump-interview-admire-palin-political-media-amazingly-dishonest-real-climate-change-nuclear/*].

Mise en contexte :

Lorsque Trump déclara que le sénateur John McCain ne s'était pas montré un héros de guerre, une vive controverse s'ensuivit dans les médias. Trump, qui fréquenta un collège militaire dans sa prime jeunesse, ne fut jamais soldat dans l'armée américaine, mais se montra généreux envers d'anciens combattants. Vincent McGowan, de la New York's Vietnam Veterans Plaza, explique dans un article paru sur ABCNews.go.com que, lorsque la construction de l'esplanade commença à s'enliser, Trump fit don d'un million de dollars pour parachever le travail. («Le leader d'un groupe de vétérans new-yorkais défend Donald Trump», par John Santucci, le 20 juillet 2015.)

Cette même organisation s'était également adressée à Trump, en 1995, pour financer un défilé d'anciens combattants. Trump fit don de 175 000 $ pour la cause et prêta son hélicoptère pour transporter du personnel des traversiers new-yorkais en ville. M. McGowan se souvient d'un cas qui retint particulièrement son attention voici quelques années. Il s'agissait d'un sergent d'état-major qui avait pris sa retraite après dix ans de service. Il voulait voir New York, mais une suite d'ennuis pécuniaires l'en empêchaient. McGowan appela Trump, qui fit les honneurs de la tour Trump au sergent, l'invita à déjeuner et lui remit 10 000 $ pour faciliter sa réinsertion dans la vie civile en reprenant ses études.

LE SÉNATEUR JOHN McCAIN ET LES VÉTÉRANS

«Je crois que j'accomplirai beaucoup plus de choses pour les anciens combattants que John McCain a pu en faire pendant des années et des années, avec beaucoup de belles paroles et peu de résultats. On le voit partout à la télé. Il parle et radote, mais rien n'avance. Vous regardez ce qui arrive à nos vétérans et vous constatez qu'on est en train de les démolir. Oui, je m'engage à faire davantage que qui que ce soit pour nos anciens combattants. Je serai en mesure de leur construire de nouveaux hôpitaux, de nouveaux centres de soins. Je pourrai les aider.»

«John McCain a échoué. Tout ce que vous avez à faire est de bien regarder autour de vous, d'écouter les nouvelles. Regardez la gabegie qui règne à l'Administration des Anciens combattants et les conditions déplorables dans lesquelles nos vétérans doivent vivre. Croyez-moi. Avec l'aide d'un petit groupe, j'ai construit le monument commémoratif de la guerre du Vietnam au centre-ville de Manhattan. Je sais ce que veut dire aider les gens et ce que signifie aider les anciens combattants.»

Source :
«Transcription de *This Week*: Donald Trump», une interview de Martha Raddatz, ABC News, le 19 juillet 2015.

[*http://abcnews.go.com/Politics/week-transcript-donald-trump/story?id=32528691*].

LE SUPPLICE «DE LA BAIGNOIRE»

«J'aurais tendance à être fermement en faveur d'un tel traitement avec des gens qui en décapitent d'autres et ne m'inquiéterais pas de ce simulacre de noyade. Nous ne devrions pas nous en faire, car je ne doute pas que cela fonctionne. Je n'ai aucun doute.»

Source :

« Transcription de *This Week* », une interview de Jonathan Karl, ABC News, le 2 août 2015.

[*http://abcnews.go.com/Politics/week-transcript-donald-trump/story?id=32829376*].

Mise en contexte :

« La torture par l'eau existe depuis longtemps. Il s'agissait d'une méthode d'interrogation courante pendant l'Inquisition italienne au XVIe siècle. Elle fut utilisée dans les prisons cambodgiennes durant le règne des Khmers rouges au cours des années 1970. Jusqu'en novembre 2005, cette forme de torture que l'on appelait en France "le supplice de la baignoire" fit partie de la liste des "techniques d'interrogation renforcée" approuvées par la CIA et destinées à être utilisées contre des suspects très dangereux. Selon des directives émises par le ministère de la Justice américaine en avril 2009, la simulation de noyade faisait partie des dix méthodes de torture autorisées pour interroger les activistes d'al-Qaïda. Les personnes torturées par ce moyen ont l'impression de se noyer. » (Voir, en anglais, « What is waterboarding ? », par Julia Layton, HowStuffWorks. com, [*http://science.howstuffworks.com/water-boarding.htm*].)

La position de Trump sur la façon de traiter les activistes de l'État islamique ressemble à certaines dispositions du Code d'Hammourabi, un roi de Mésopotamie qui régna de 1792 à 1750 av. J.-C. Le prologue de la liste des 282 articles de loi draconiens stipule que le roi « veut rendre sa justice visible dans le pays et détruire les personnes malfaisantes ou abjectes afin que le fort ne puisse malmener le faible ». L'expression populaire « œil pour œil, dent pour dent » a été reprise dans le Code d'Hammourabi. Elle énonce une équivalence morale de justice fondée sur le rang social des individus. En effet, les gens du commun ne subissaient pas de sanctions aussi sévères que ceux des classes supérieures.

QUE VEUT LE PEUPLE?

«Je crois qu'avant toute chose nos citoyens tiennent à ce que nous retrouvions notre rang. "Redonnons sa grandeur à l'Amérique!" Tel est mon cri de ralliement, mon leitmotiv. Il s'agit d'un concept exaltant l'importance de notre nation. Nous sommes las de nous faire exploiter par chaque pays avec lequel nous faisons affaire, que ce soit la Chine, le Japon, le Mexique, le Vietnam, qui devient un gros joueur. Et je ne parle pas du Japon avec ses voitures... Évidemment, ces transactions se déroulent à sens unique. Nos gens sont fatigués de voir ce qui arrive, de constater que nos intervenants les meilleurs et les plus brillants n'ont pas un mot à dire dans les décisions les plus importantes qui nous concernent, et qu'ils regardent ailleurs. Nos citoyens veulent des ententes commerciales fructueuses, des forces armées puissantes, ils souhaitent que l'on réduise la dette nationale, car nous sommes à un point où elle atteint bientôt les 19 billions, et ils ne sont plus capables d'être témoins d'un tel désastre. Ils aimeraient que l'on s'occupe de nos anciens combattants – ce qui est loin d'être le cas aujourd'hui. En effet, nos vétérans sont vraiment traités de façon grossière. Nos citoyens veulent bien des choses et il existe beaucoup de sujets de mécontentement dans le pays.»

Source :

«L'*Economist* interviewe Donald Trump», par un membre de la rédaction, Economist.com, extrait de l'édition imprimée, le 3 septembre 2015.

[*www.economist.com/news/briefing/21663216-donald-trump-has-become-surprise-republican-frontrunner-early-2016-us-presidential*].

TRUMP ET LES AFFAIRES

CONSEIL AUX ENTREPRENEURS

«Il faut que vous aimiez ce que vous faites. Sans passion, il est difficile de vraiment réussir. Une personne qui veut fonder une entreprise connaîtra des heures sombres si son métier ne la passionne pas. Ceux et celles qui aiment ce qu'ils font ne renoncent jamais, et l'idée d'abandonner en cours de route ne les effleure même pas. Il s'agit là d'une formule bien simple.»

Source :
«Dix questions à Donald Trump», par Guy Kawasaki, Guy Kawasaki.com, le 25 janvier 2007.

[*http://guykawasaki.com/ten_questions_w-5/*].

L'ART DE NÉGOCIER

En entrevue, Trump a déclaré au journaliste George Stephanopoulos: «J'ai connu très peu d'échecs, George. Et s'il m'arrive d'en connaître un, j'essaie de le transformer en succès. Par exemple, si un marché s'effondre alors que nous nous trouvons au beau milieu d'un gros chantier de construction, ce qui m'est arrivé souvent, dans plusieurs cas je me suis débrouillé pour mener profitablement le projet à terme.

«Je retourne voir les banques, me bats avec elles; je négocie, fais des pieds et des mains. J'ai conclu des ententes qui se seraient révélées catastrophiques pour la plupart des gens, mais qui se sont soldées pour moi par de grands succès, en fait avec de meilleurs résultats que si le marché était resté au beau fixe.

«J'insiste avant tout sur un aspect capital: vous devez retenir les leçons que les moments pénibles nous enseignent. Elles m'ont beaucoup appris.»

Source:
Interview de Donald Trump, transcription, *This Week*, ABC News, le 23 août 2015.

[*http://abcnews.go.com/Politics/week-transcript-donald-trump/ story?id=33203713*].

ASPIRATIONS

«J'aime le défi et j'en reviens toujours à l'histoire du fils du mineur de fond. Son père souffre de silicose parce qu'il a inhalé de la poussière de charbon. Son fils souffre du même mal, et le fils de son fils aussi. Si j'avais été le fils de ce mineur, j'aurais quitté cette damnée mine. Mais la plupart des gens n'ont pas l'imagination, ou je ne sais quoi, pour quitter la mine. Ils n'ont pas ce réflexe.»

Source:
«Donald Trump», par Glenn Plaskin, *Playboy*, mars 1990.

Mise en contexte:
Fred, le père de Donald, passa sa vie à construire des immeubles à loyer modique à l'extérieur de Manhattan. Très tôt, Donald lui fit savoir qu'il n'avait pas l'intention

de suivre son exemple, mais qu'il projetait de passer dans les ligues majeures en traversant l'East River, qui sépare les quartiers sud de Manhattan, afin de se joindre aux constructeurs de gratte-ciels. Il est indéniable que Donald Trump a inscrit sa signature sur plusieurs immeubles de prestige à New York. Son père avait réussi en devenant millionnaire, mais le fils avait fait mieux en devenant un milliardaire gagnant.

« Si j'avais quelque avance sur mon père, c'était dans mes concepts immobiliers et dans l'envergure de ceux-ci. Je préférais vendre des appartements aux milliardaires désirant vivre sur la 5ᵉ Avenue et la 57ᵉ Rue plutôt qu'à des gens de Brooklyn, infiniment sympathiques, mais qui marchandent âprement parce que, pour eux, chaque sou est important. […] Je me tenais donc de l'autre côté de l'East River et contemplais Manhattan… » (Interview de Donald Trump, par David Hochman, *Playboy*, octobre 2004.)

FAILLITE

« Au début des années 1990, j'avais beaucoup d'ennuis, car les marchés immobiliers se sont effondrés. Nombre de mes amis ont fait faillite et on n'entendit plus jamais parler d'eux. Je n'ai jamais été en faillite, mais je me suis retrouvé en difficulté financière, et maintenant mon organisation est plus importante que jamais. Je ne me considère donc pas comme quelqu'un qui fait un *come-back*. Lorsque je parle, des milliers de personnes viennent écouter mes discours sur la réussite et tout le reste. Si ma vie avait été un long fleuve tranquille, ces foules ne viendraient pas me voir. »

Source :

«Donald Trump: l'interview», par Gaby Wood, TheGuardian.com, le 7 janvier 2007.

[*www.theguardian.com/business/2007/jan/07/media. citynews*].

Mise en contexte :

Trump n'a jamais déclaré personnellement faillite et peut donc affirmer aux médias qu'il n'a jamais été à proprement parler un failli. James Hirby, du *Law Dictionary*, un site Internet de vulgarisation des lois, est d'accord jusqu'à un certain point. «Trump ne s'est jamais mis en faillite. Ses sociétés ont, par contre, déposé leur bilan en vertu du chapitre 11 de la Loi sur les faillites aux États-Unis. [...] En vertu de ce chapitre, la société en difficulté peut continuer à fonctionner pendant sa restructuration, en réduisant ses dettes. En permettant à celle-ci de poursuivre ses activités, les employés peuvent continuer à travailler et à gagner de l'argent. L'entreprise n'est pas libérée de ses dettes, mais celles-ci peuvent se voir réduites. Elle doit prévoir un plan de remboursement et dresser un budget de l'entreprise, après approbation par les créanciers et par les autorités judiciaires.

Hirby donne le nom des quatre sociétés en difficulté : le Trump Taj Mahal en 1991 ; le Trump Plaza Hotel d'Atlantic City en 1992 ; le Trump Hotels and Casino Resorts en 2004 ; et le Trump Entertainment Resorts en 2009. (Ces données ont été vérifiées par le personnel du *Law Dictionary* – LawDictionary.org.)

Comme Trump lui-même le confiait au magazine *Playboy* dans une interview qui se déroulait en octobre 2004 : «Au début des années 1990, je subissais un effet de levier considérable lorsque le marché de l'immobilier s'est effondré. J'avais beaucoup emprunté et avais contracté de nombreuses dettes. [...] Je n'ai jamais travaillé aussi dur que durant la période comprise entre 1990 et 1994, mais maintenant mes affaires sont plus solides et plus florissantes que jamais. Je n'aimerais pas repasser par là, mais j'ai compris que le monde pouvait changer très rapidement et cela remet les choses en perspective. »

Au premier chapitre de *Trump : The Art of the Comeback* (« L'art du come-back »), le milliardaire explique à ses lecteurs comment le 26 mars 1991, en première page du *New York Times* et du *Wall Street Journal*, on prédisait sa déconfiture et l'on commentait ses ennuis financiers. « Le grand public en déduisait que j'étais foutu. En plus, ces histoires étaient reprises par la radio et la télé, et diffusées aux quatre coins de la planète. Ce fut de loin le pire moment de ma vie... »

À cette époque, Trump devait près d'un milliard de dollars aux banques, car il s'était porté garant pour des prêts totalisant 3,7 milliards. Toujours dans « L'art du come-back », il décrit la scène suivante. « Un jour, alors que je me promenais sur la 5e Avenue en compagnie de ma conjointe, Marla Maples, je lui montrais, de l'autre côté de la rue, un homme tenant une tasse avec, près de lui, un chien d'aveugle. Trump demanda à Marla : « Sais-tu qui est-ce ? » Elle lui répondit que c'était un mendiant et qu'il avait l'air bien malheureux. « Tu as raison, c'est un mendiant, mais il vaut 900 millions de dollars de plus que moi... » Devant l'air dubitatif de sa conjointe, Trump lui expliqua : « Disons que cet homme ne possède rien, du moins si on l'évalue en dollars, mais moi je suis dans le négatif, car je "vaux" *moins* 900 millions!»

DEVENIR RICHE

«Certaines personnes ne sont pas faites pour être riches [...] C'est juste quelque chose que vous avez en vous, avec laquelle vous êtes né. Bien des gens ne sont pas capables d'être riches, soit parce qu'ils sont paresseux, ou encore peu persévérants. Il s'agit d'un talent. Certains ont du talent pour le piano, d'autres pour élever une famille, d'autres pour jouer au golf. En ce qui me concerne, j'ai le talent de gagner de l'argent.»

Source :
«Interview de Donald Trump», par David Hochman, *Playboy*, octobre 2004.

L'IMAGE DE MARQUE DE SES IMMEUBLES

«J'appose mon nom sur mes immeubles parce qu'ils se vendent mieux, et non pour me faire plaisir. J'obtiens un meilleur rendement par pied carré à New York que n'importe qui d'autre. Si vous construisez un immeuble dans cette ville, et que je fais de même, vous pouvez être persuadé que j'en obtiendrai davantage du pied carré. Il faut dire que ce n'est pas tout à fait le même genre d'édifices que ceux des autres. Je veille davantage à la finition, et mon produit s'en trouve amélioré. Je peux donc en demander davantage. Résultat, lorsque je mets mon nom sur un immeuble, les gens savent qu'il s'agit d'une preuve de qualité.»

Source :

«Transcription : Donald Trump annonce son intention de former un comité présidentiel exploratoire», *Larry King Live*, CNN.com, le 8 octobre 1999.

[*www.cnn.com/ALLPOLITICS/stories/1999/10/08/trump. transcript/*].

OCCASIONS D'AFFAIRES

«J'ai une théorie selon laquelle il y a toujours des occasions de faire des affaires. Elles peuvent être plus ardues à trouver, mais elles existent. La recherche est importante et il faut se montrer circonspect. Toutefois, étant d'une nature optimiste, mais méfiante, je crois qu'il vaut mieux se concentrer sur la solution plutôt que sur le problème. Le contexte économique actuel est sans contredit difficile, mais focaliser son attention sur les difficultés ne constitue pas une bonne solution ni une approche positive. C'est également le moment de se montrer innovateur. Voilà ce qu'il faut. Ma stratégie est d'être aux aguets pour repérer les bonnes occasions, car elles sont là.»

Source :

«L'interview du lundi, avec Donald Trump et Robert Kiyosaki», par Dick Donahue, Publishers Weekly.com, le 3 octobre 2011.

[*www.publishersweekly.com/pw/by-topic/authors/interviews/ article/48931-the-monday-interview-with-donald-trump-and- robert-kiyosaki.html*].

UN HOMME D'AFFAIRES
COMME PRÉSIDENT

«Je suis fatigué d'avoir des politiciens au poste de président des États-Unis, car je constate le travail pourri qu'ils font et que cela me pousse à bout. Je pense qu'un grand nombre de gens sont de mon avis. Vous savez, un homme d'affaires peut accomplir un boulot extraordinaire. Il n'y a pas de mal à ça. Prenez, par exemple, Jack Welch, qui a été à la tête de General Electric pendant vingt-deux ans. En voilà un qui devrait briguer le poste de président du pays, car c'est un battant. Je sais qu'il n'a pas l'intention de se présenter, mais cet homme brillant a accompli un *job* magnifique. Il pourrait se révéler un président formidable.»

Source :

«Transcription : Donald Trump annonce son intention de former un comité présidentiel exploratoire», *Larry King Live*, CNN.COM, le 8 octobre 1999.

[*www.cnn.com / allpolitics / stories / 1999 / 10 / 08 / trump. transcript /*].

LE MANQUE DE LOYAUTÉ

Lors d'une interview de Donald Trump pour *Vanity Fair*, en septembre 1990, Marie Brenner lui mentionna que l'un des conseillers juridiques de l'homme d'affaires lui avait confié : «Donald croit fermement dans la théorie du

Gros Mensonge****. Autrement dit, lorsque l'on répète suffisamment de fois une énormité, le peuple finit par vous croire.»

«Ainsi l'un de mes avocats vous a raconté ça ? J'aimerais bien savoir qui c'est, parce qu'alors je le larguerais à grands coups de pied au cul! Oui, j'aimerais bien savoir qui est cette ordure…»

Source :
«Après la Ruée vers l'or», par Marie Brenner, *Vanity Fair*, septembre 1990.

Mise en contexte :
Au cours d'un exercice de questions-réponses mettant Trump en vedette devant 3500 personnes lors d'une exposition organisée par la société Starkey Hearing Technologies, Brandon Sawalich, le vice-président en chef de cette compagnie, déclara : «Nous avons couvert plusieurs sujets, mais Trump m'a dit quelque chose qui m'a vraiment frappé. Lorsque je lui ai demandé ce qu'il estimait le plus chez un employé, il l'a résumé en un seul mot : la loyauté.

«En vérité, ce n'était pas la réponse que j'attendais d'un homme connu pour son comportement plutôt impitoyable dans les affaires. Je pensais qu'il mentionnerait les résultats, la ténacité, la combativité, bref, quelque chose dans cet esprit-là, mais la loyauté… Je ne m'y attendais vraiment pas.

**** Gros Mensonge (*Große Lüge*) : Technique de propagande employée par le ministre nazi Joseph Goebbels. On lui attribue ces mots : «Mentez, mentez, il en restera toujours quelque chose.» (NDT)

«J'ai beaucoup réfléchi à cette réponse depuis lors. La loyauté est parfois considérée comme un trait de caractère mineur, mais ça ne devrait pas l'être. C'est le signe que votre entreprise tourne rondement, que vos valeurs et que votre style de gestion sont favorablement partagés par vos employés. Une entreprise qui perd un employé qui s'est toujours montré loyal devrait examiner ce qui a cloché. Il n'y a pas une minute à perdre.» («Trois leçons sur la loyauté que m'a enseignées Donald Trump», par Brandon Sawalich, *The Business Journals*, le 2 février 2015, [*www.bizjournals.com/bizjournals/how-to/growth-strategies/2015/02/3-loyalty-lessons-learned-from-donald-trump.html*].)

Dans *Think Big and Kick Ass in Business and Life* («Voyez grand et cassez la baraque dans les affaires et dans la vie»), Trump raconte l'histoire d'une femme dont il fut le mentor et qui, précédemment, était fonctionnaire. «Je lui ai donné un *job* de rêve dans mon organisation et, avec le temps, elle est devenue très calée dans l'immobilier. Elle s'acheta une très jolie maison», écrit-il.

«Un jour, j'eus besoin d'elle au début des années 1990, alors que je me débattais dans un contexte difficile. Je lui demandais d'appeler un certain banquier qu'elle savait avoir été en affaires avec moi. Elle refusa de me rendre ce service.» En guise de revanche, Trump la licencia. La carrière et la vie personnelle de cette personne se désintégrèrent littéralement.

«Elle finit par perdre sa maison, expliqua Trump. Son mari, qui n'était avec elle que pour jouir de la situation avantageuse de sa femme, la quitta et j'en fus heureux.

Au fil des années, bien des gens m'ont demandé des renseignements sur cette dame ; je me suis fait un point d'honneur de ne leur fournir que des informations défavorables, car je ne supporte pas la déloyauté. »

Trump estime que si vous aidez quelqu'un et que si, plus tard, cette personne est en position de vous aider mais refuse, il s'agit là d'un acte de déloyauté. Dans le cas que nous venons d'évoquer, il n'ignore pas simplement l'ingrate, mais veut avoir sa peau. « Cette femme s'est montrée très déloyale, explique-t-il. Alors je fais tout ce qui est possible pour lui compliquer la vie. Elle m'appelle parfois pour discuter de toute cette affaire dans quelque restaurant, mais je refuse de lui parler. »

LES ENTREPRENEURS

« Les entrepreneurs débutants doivent effectuer de sérieuses recherches et se montrer passionnés par leur travail. La passion est l'ingrédient du succès. […] C'est elle qui nous permet d'affronter les défis et les difficultés du parcours.

« Vous devez vraiment croire en ce que vous faites, et la connaissance du commerce est utile, mais j'insiste sur le fait que la passion, le dynamisme et la concentration sont des qualités cruciales. Il est également bon de lire des livres rédigés par des gens qui ont réussi. […] Je recommande particulièrement aux entrepreneurs le livre que j'ai lancé récemment avec Robert Kiyosaki. Son titre est *Midas Touch*. » (« La main de Midas », une allusion à ce mythique roi phrygien qui transformait tout ce qu'il touchait en or.)

Source :

«Sept bonnes suggestions que Donald Trump m'a faites», par Geoffrey James, Inc.com, le 1er mai 2012.

[*www.inc.com/geoffrey-james/7-smart-things-to-learn-from-donald-trump.html*].

LE GOLF

«Le golf est le sport des gens d'affaires. […] J'ai traité sur un terrain de golf bien des ententes que jamais je n'aurais pu conclure dans un restaurant. J'ai déjà dit aux administrateurs de la Wharton School de l'Université de Pennsylvanie qu'ils devraient prévoir un cours de golf dans leur programme d'études. Il y a d'abord la camaraderie. Vous apprenez à mieux connaître les autres joueurs et ils deviennent vos partenaires. J'ai toujours dit que je n'avais pas d'objection à ce qu'Obama joue au golf, mais il devrait jouer avec des gens avec lesquels il cherche à s'entendre.»

Source :

«Donald Trump laisse entendre que le golf devrait être réservé à une riche élite», par Daniel Roberts, Fortune. com, le 1er juillet 2015.

[*http://fortune.com/2015/07/01/donald-trump-golf-rich-elite/*].

CONSERVER SON CHOIX D'OPTIONS

Concernant les terrains, alors inexploités, des West Side Yards : «Je n'en continue pas moins à conserver mon choix d'options. Comme je l'ai dit, c'est le seul moyen de se protéger. Si l'immobilier résidentiel se maintient, je pourrai sans aucun doute vendre de luxueux appartements avec vue imprenable sur l'eau. Si le marché s'effondre, ce qui ne pourrait qu'être temporaire dans une ville telle que New York, je déciderai peut-être de ne construire qu'un centre commercial. De toute façon, je m'en tirerai très bien.»

Source :
Trump : The Art of the Deal – «Le plaisir des affaires», Random House, 1987.

Mise en contexte :

Cet exemple typique sur la manière dont Trump a négocié ce qu'il a qualifié de «West Side Story» montre les avantages de la persévérance et de l'art de se ménager d'autres options.

Tel qu'il le mentionnait dans les premières lignes du 13e chapitre de *The Art of the Deal* : «Au cours de l'été 1979, le fait de prendre une option sur les West Side Yards – soixante-dix-huit acres au bord de l'eau entre les 59e et 72e Rues – fut l'une des plus difficiles décisions de ma carrière. La plus facile fut pour moi de racheter ces mêmes terrains en janvier 1985.»

Sa persistance se révéla payante. Il ajouta : «On a raconté que j'avais payé 95 millions de dollars pour les West Side Yards, soit environ un million l'acre, ce qui n'est pas loin du chiffre exact.»

En juin 2005, Charles V. Bagli rapportait dans le *New York Times* que le groupe Trump vendait sa parcelle du West Side 1,8 milliard de dollars. Il écrit : «Un consortium d'investisseurs de Hong Kong et Donald Trump ont vendu une parcelle de terrain au bord de l'eau ainsi que trois bâtiments dans l'Upper West Side pour environ 1,8 milliard. Il s'agit de la vente immobilière résidentielle la plus considérable dans l'histoire de la ville et le dernier exemple de la flambée des prix dans le secteur du logement.» Le journal mentionne qu'il s'agissait d'une ancienne gare de triage devenue un quartier cossu connu sous le nom de Riverside South et Trump Place.[…]

PERDRE DU TERRAIN

«Dans le fond, je suis un artiste. Maintenant, si vous regardez, vous voyez la mer du Nord, les vagues s'écrasant sur la rive, la magnificence de cette étendue d'eau. Je ne veux pas voir de moulins à vent rouillés en guise de paysage. C'est en effet ce qui arrive à ces éoliennes. Elles rouillent toutes et ça fait dégueulasse. Aussi, tant que ce projet ne sera pas relégué aux oubliettes, je ne construis plus rien. Je ne vais tout de même pas être forcé de contempler ces moulins à vent. À mon avis, ce champ d'éoliennes ne se fera pas. Je crois qu'ils vont reculer. Lorsqu'ils annonceront qu'ils abandonnent leur projet, je pourrai alors entreprendre la seconde phase du mien.»

Source :
«Donald Trump déclare être "géant"!», par John Barton, GolfDigest.com, novembre 2014.

[*www.golfdigest.com/magazine/2014-11/donald-trump-interview*].

Mise en contexte :
Le *Guardian* du 11 février 2014 rapporte que Donald Trump avait acheté un club de golf sur la côte ouest

de l'Irlande après avoir perdu un procès intenté aux administrateurs d'un champ d'éoliennes aménagé près du club de golf, situé dans l'Aberdeenshire. Le promoteur milliardaire a expliqué que pendant qu'il faisait appel de la décision des autorités écossaises, il consacrait toute son énergie au chic complexe hôtelier et club de golf de Doonbeg, sur la côte atlantique, dans le comté de Clare, connu sous le nom de Trump International Golf Links Ireland.

On peut lire dans le journal : « Trump a traîné le gouvernement écossais devant les tribunaux sous prétexte que ce dernier avait approuvé la décision d'installer un champ d'éoliennes expérimental à Aberdeen Bay, à deux milles terrestres (environ 3,2 km) au sud-est du futur complexe hôtelier. […] La raison invoquée était que ces éoliennes "gâchaient le paysage" ».

LA NÉGOCIATION

« Comme je le disais, j'étudie mes interlocuteurs au cours de chaque négociation. J'évalue à quel degré je dois me montrer inflexible. Je peux être un véritable tueur comme je peux être un gentil garçon. Il faut pouvoir assumer tous ces rôles. Il faut savoir être fort, gentil, impitoyable. Je ne pense pas que l'on puisse apprendre cela. C'est un don que vous possédez ou que vous ne possédez pas. C'est pourquoi des gens peuvent avoir été constamment premiers de classe et nuls dans la vie. »

Source :
« Donald Trump », par Glenn Plaskin, *Playboy*, mars 1970.

Mise en contexte :

Trump, qui se targue d'être un maître négociateur, considère que les politiciens, les ambassadeurs et les négociateurs gouvernementaux sont loin d'être des experts dans l'art de la négociation. Dans *Le plaisir des affaires*, il explique sa technique en ces termes : « Mon style de négociation est simple et direct. Je vise très haut et ensuite je pousse constamment jusqu'à ce que l'on accepte mon offre. Parfois, je cède et accepte moins que ce que j'ai exigé au départ, mais, dans la plupart des cas, je finis par obtenir ce que je veux. »

SA VALEUR NETTE

« Ses dettes constituent un très petit pourcentage de ses avoirs et sont financées à des taux d'intérêt très bas. À ce jour, on peut dire que M. Trump possède des biens dépassant les DIX MILLIARDS DE DOLLARS. »

Source :

« L'équipe de Donald Trump affirme que sa " valeur globale " dépasse les DIX MILLIARDS DE DOLLARS », par Igor Bobic, HuffPost Politics, HuffingtonPost.com, le 15 juillet 2015.

[*www.huffingtonpost.com / entry / donald-trump-net-worth_55a6a342e4b0c5f0322c1726*].

Mise en contexte :

Trump poursuivit l'auteur Timothy L. O'Brien qui avait écrit que le nabab de l'immobilier était beaucoup moins riche qu'il ne le prétendait. Trump perdit son procès. Une cour d'appel du New Jersey décida « qu'il n'existait pas de contradictions internes notables dans l'information fournie par des sources confidentielles, pas plus qu'il n'existait de preuves irréfutables contredisant leurs citations et susceptibles de fournir la preuve d'une quelconque intention malicieuse. Rien ne suggère qu'O'Brien était subjectivement conscient de l'inexactitude des chiffres fournis par ses informateurs ou qu'il émettait des doutes sur l'exactitude de leurs informations. » Plus tard, le 10 août 2015, James Surowiecki écrivit dans un article du *New Yorker* intitulé « Le boniment publicitaire de Trump » : « Il est impossible d'obtenir des chiffres définitifs sur sa fortune, car presque tous ses biens consistent principalement en placements immobiliers dont la valeur peut fluctuer. Cela dit, il est néanmoins très riche. Bloomberg estime qu'il "vaut" 2,9 milliards de dollars et *Forbes* 4,1 milliards de dollars. […] Mais Trump ne veut rien savoir de tout cela. Grâce à la valeur de sa marque de commerce, il dit représenter facilement un capital de dix milliards. Ce chiffre paraît si exagéré qu'il semble être pour lui une forme d'aveuglement… »

Son rapport d'une page daté du 15 juillet 2015 pour la Commission électorale fédérale donnait le chiffre de 8,7 milliards de dollars, mais les employés de Trump le révisèrent et, faisant valoir la valeur des biens immobiliers, estimèrent la fortune de leur patron à plus de dix milliards de dollars.

LE PRIX DU PÉTROLE

« Le plus grand problème que nous avons – et c'est toujours la même chose –, c'est que lorsqu'on suit les nouvelles sur la situation économique à la télé, nous nous apercevons qu'à chaque fois que l'économie va bien, le prix du pétrole augmente. Ce que les pétroliers font annule à tout coup notre élan parce que le brut devrait se vendre à l'heure actuelle entre 25 $ et 30 $ le baril. L'économie empeste à travers le monde, sauf en Chine et dans certains pays de l'OPEP, qui s'en mettent plein les poches.»

Source:

«Transcription de "Mon interview avec Donald Trump", 2ᵉ partie», par George Stephanopoulos, ABC News, le 17 août 2011.

[*http://blogs.abcnews.com/george/2011/08/full-transcript-my-interview-with-donald-trump-part-2.html*].

PAYER SES IMPÔTS

«Je fais des pieds et des mains pour payer le moins d'impôts que possible, et ce, pour deux raisons. Première-ment, je suis un homme d'affaires et cela fait partie du jeu. […] Deuxièmement, je déteste la manière dont le gouvernement utilise nos impôts ainsi que la manière dont il dépense cet argent. Je déteste profondément tout ça…»

Source:

«Donald Trump est probablement le premier candi-dat dans l'histoire de la politique à admettre une telle chose», par Jason Howerton, The Blaze.com, le 3 août 2015.

[*www.theblaze.com/stories/2015/08/03/donald-trump-says-hes-probably-the-first-candidate-in-the-history-of-politics-to-admit-this-about-his-taxes/*].

UN *LABEL* PERSONNEL DE QUALITÉ

«Le concept de marque épargne du temps au grand public. Tout le monde se fie à l'étalon or pour ce qu'il représente. Cela évite de se poser des questions. C'est ce que Coco Chanel a fait avec sa maison de couture et sa parfumerie, et elle a merveilleusement réussi.

«Cela n'est pas nouveau, mais la marque Trump s'étend à plusieurs domaines. Elle n'est pas seulement synonyme de jolis *buildings*, de clubs de golf, de livres, d'un spectacle télévisé, d'une gamme de vêtements et de parfums pour hommes, ou encore d'une chaîne d'hôtels. Je pourrais allonger la liste. Chaque aspect du *label* de qualité Trump signifie que vous effectuez le meilleur achat possible, parce que l'excellence est notre étalon.

«Le premier gratte-ciel qui a porté mon nom est la tour Trump, qui est devenue un haut lieu du tourisme et qui demeure aussi belle que lors de son inauguration, en 1983. Elle a été pour moi le début du *label* Trump.»

Source :

«Sept bonnes suggestions que Donald Trump m'a faites», par Geoffrey James, Inc.com, le 1er mai 2012.

[*www.inc.com/geoffrey-james/7-smart-things-to-learn-from-donald-trump.html*].

LA COUVERTURE MÉDIATIQUE

«Mark, tu es un minable *loser*. Ton bouquin et tes écrits sont nuls. Meilleurs souhaits. Donald. P.-S. Ah, oui! J'ai entendu que ça ne se vendait pas...»

Source :

« La guerre des mots entre Trump et la presse », par Ben Terris, *The Washington Post*, le 17 juin 2015.

[*www.washingtonpost.com/news/style-blog/wp/2015/06/17/ donald-trumps-handwritten-war-with-the-press/*].

Mise en contexte :

Trump est souvent sollicité pour des interviews, qu'il considère d'ailleurs comme des armes à deux tranchants. Une couverture médiatique aide à renforcer son image de marque, mais si elle est négative, elle peut la ternir. Mark Singer a brossé un portrait de Trump dans *Character Studies* (« Études de personnages »), publié chez Mariner Books, en 2005. Ce portrait, repris d'un article du *New Yorker* paru le 19 mai 1997 et intitulé au départ « Trump en solo », n'était apparemment guère flatteur pour le milliardaire. Ce dernier avouait qu'il avait beaucoup de difficultés à gérer ses rapports avec la presse et qu'il n'excellait pas dans ce genre d'exercice. « La presse me décrit comme une sorte de lance-flammes cinglé. Je pense que je suis très différent de cela et que l'on me dépeint de façon totalement erronée. »

Lorsque Singer se demande si oui ou non Trump a une âme, il s'aventure sur de la glace mince. Ainsi, on ne s'étonnera point que, dans un de ses livres (*Trump : The Art of Comeback* – « L'art du come-back »), l'homme d'affaires intitule l'un de ses chapitres « La presse et autres microbes ».

LA PRESSION

« Je dois tout d'abord dire que je suis capable de supporter la pression au travail. Nombre de mes amis en sont incapables et ont dû capituler. J'ai connu des durs à cuire, ou du moins des gens que je croyais tels, mais sous le poids des difficultés ils se réfugiaient dans un coin, suçaient leur pouce comme les enfants qui demandent à leur maman de les ramener à la maison. Je n'ai jamais perdu le sommeil, je n'ai jamais abandonné et j'ai bataillé ferme pour survivre. La plus grande chose que j'ai apprise est que les cycles économiques ne durent pas éternellement. Ils montent, puis redescendent, et quoi que vous fassiez pour la maintenir, l'embellie se termine toujours. Si vous étudiez un graphique des fluctuations financières de 1900 à nos jours, cela ressemble vraiment à un parcours de montagnes russes. C'est vraiment étonnant. »

Source :

« Donald Trump nous parle de la sexualité, de l'argent et de la politique », par Piers Morgan, *British GQ*, GQ-magazine.co.uk, le 7 août 2015, reproduit de l'édition imprimée en décembre 2008.

[*www.gq-magazine.co.uk./entertainment/articles/2011-05/17/gq-entertainment-donald-trump-interview-piers-morgan*].

LES GENS RICHES QUI SE FONT TOUT SEULS

« Les gens riches sont de grands survivants et, par nature, on peut les classer dans deux catégories : ceux qui ont hérité et ceux qui se sont faits tout seuls. Ceux qui ont hérité et qui ont choisi de ne rien faire sont généralement très timides et ont peur de perdre ce qu'ils possèdent – et qui peut les blâmer ? Les autres prennent de grands risques, produisent beaucoup plus de biens et prennent le risque de faire faillite. »

Source :

«Donald Trump», par Glenn Plaskin, *Playboy*, mars 1990.

L'AUTOPROMOTION

«Si vous ne la pratiquez pas, probablement personne ne la fera pour vous. Lorsque je construis les meilleurs *buildings* à Chicago, à New York ou en Californie, peu importe où j'exerce, on me considère comme un grand promoteur. En fait, je suis surtout un grand bâtisseur. Je construis des choses sublimes, je réussis brillamment et tout le monde en parle. J'aimerais que l'on se souvienne de moi comme ayant été une personne au goût indéniable, un grand faiseur qui procurait du travail à plein de gens et qui gagnait beaucoup d'argent qu'il utilisait pour soulager la pauvreté et nourrir de nombreuses familles.»

Source :

«Donald Trump», par Glenn Plaskin, *Playboy*, mars 1990.

LE MOMENT FAVORABLE

«Peu importe combien vous pouvez être efficace, le moment favorable est de toute première importance. Certaines personnes ont le sens du *timing* et d'autres non. J'appartiens à la première catégorie.»

Source :

«Trump en croissance», par Ben Schreckinger, Politico. com, le 15 juillet 2015.

[*www.politico.com/story/2015/07/donald-trump-grows-up-politico-interview-120196*].

LES ÉTATS DE SERVICE

« Je crois beaucoup en deux choses : les gens et leurs états de service ou antécédents. Dans Wall Street, une expression circule : "On dirait que ce sont toujours les mêmes qui sont chanceux." En fait, ces "chanceux" le sont pour plusieurs raisons. Ils entreprennent les recherches nécessaires, possèdent un instinct inné et des facultés cérébrales développées, sans compter ce fameux "facteur X" qui permet à certaines personnes de gagner beaucoup d'argent. »

Source :
Trump : The Art of the Comeback, « Investing : Caveat Emptor » (« Investir : mise en garde à l'acheteur »), publié chez Times Books en 1997.

Mise en contexte :
La différence entre ce que vous vous proposez de faire et ce que vous avez vraiment accompli représente vos états de service. Il s'agit de la différence critique qui existe entre l'opinion et les faits. Lors du premier débat républicain en vue des élections présidentielles (le 6 août 2015), le journaliste Chris Wallace demanda à Trump : « Monsieur, vous vous désignez résolument comme étant la personne capable de développer notre économie. Permettez-moi de vous interroger sur vos antécédents. Par exemple, le cas de vos casinos et hôtels qui ont déclaré faillite à quatre reprises au cours du dernier quart de siècle.

« En 2011, vous avez dit au magazine *Forbes* : "Je n'ai fait qu'utiliser les lois de ce pays à mon avantage." Toutefois, les experts spécialisés dans ce genre de faillites soutiennent que vos prêteurs ont perdu des milliards.

«Monsieur, j'aimerais simplement vous poser une question : avec de tels états de service, pourquoi devrions-nous vous faire confiance pour développer l'économie de notre nation ? »

Citant ses réalisations, Trump lui répondit : « Parmi les centaines d'affaires que j'ai traitées, je n'ai eu que quatre fois recours aux lois de notre pays concernant la faillite – comme nombre de mes semblables, d'ailleurs. [...] J'ai bien dit quatre fois, et comme d'autres gens d'affaires dans ma position. Mes antécédents ? Je possède des avoirs de plus de 10 milliards de dollars, une organisation de tout premier ordre comptant des milliers d'employés. Je suis très fier du travail que j'ai accompli. [...] Quant aux prêteurs, permettez-moi de vous dire qu'il ne s'agit pas d'enfants en bas âge. Ce sont de redoutables prédateurs et non de benoîtes petites personnes telles que vous les imaginez. Comprenez-vous ? » Autrement dit, Trump fait remarquer à son interlocuteur que tout au long de sa longue carrière, il a traité beaucoup plus d'affaires fructueuses que de transactions ayant mal tourné. Il rappelle également qu'il travaille dans un secteur à risques calculés où, selon les décisions que l'on prend, on peut faire fortune ou tout perdre.

Il conclut que personne ne gagne constamment, mais que les perdants perdent tout le temps. Les résultats sont inscrits en noir et blanc dans les états de service d'une personne, et les chiffres ne mentent pas.

LES CLASSES LABORIEUSES

« J'adore l'immobilier. J'adore les *buildings*. Je suis en train de construire la plus grande tour résidentielle du monde, juste en face des Nations Unies. J'adore. J'aime me rendre sur le chantier, marcher sur le ciment, fréquenter les travailleurs. Je sais que c'est difficile à croire. Eh bien! Ce sont justement ces derniers qui votent pour moi, les gars qui érigent mes bâtiments à travers le pays. Les travailleurs sont les personnes qui m'aiment vraiment.

«J'ai souvent dit que les gens riches me détestaient et que les travailleurs m'aimaient. Disons que les gens riches qui me connaissent m'aiment, mais que ceux qui ne me connaissent pas m'exècrent.»

Source :

«Transcription : Donald Trump annonce son intention de former un comité présidentiel exploratoire», *Larry King Live*, CNN.com, le 8 octobre 1999.

[*www.cnn.com/ALLPOLITICS/stories/1999/10/08/trump. transcript/*].

TRUMP NOUS PARLE DE LUI

S'EXCUSER

«Je pense qu'il est très convenable de s'excuser, mais, pour cela, faut-il encore avoir tort. […] Si je suis en tort, je n'hésiterai pas à m'excuser – prochainement peut-être. »

Source :
«Donald Trump sur le plateau de *Tonight Show* : Le Bon, le Dingue et le Méchant», par Jessica Roy, TVGuide. com, le 12 septembre 2015.

[*www.tvguide.com / news / donald-trump-tonight-show*].

UNE PERSONNALITÉ AFFIRMÉE

«Déjà, à l'école primaire, j'étais un enfant très sûr de lui et combatif. En deuxième année, j'ai poché l'œil d'un enseignant, mon professeur de musique. J'estimais qu'il n'y connaissait rien. J'ai bien failli me faire renvoyer, d'ailleurs. Je ne suis pas fier de cet incident, mais à l'évidence cela prouve que, dès mon plus jeune âge, j'avais déjà tendance à faire connaître mes opinions de manière musclée. La différence est qu'aujourd'hui j'utilise mon cerveau au lieu de mes poings. »

Source :

Trump : The Art of the Deal, «Growing Up» («En crois-sance») – *op. cit.,* Random House, 1987.

Mise en contexte :

Ce qui était un handicap est devenu un avantage que Trump utilise au fil de ses négociations. Même ses détrac-teurs reconnaissent qu'au cours de celles-ci, Trump est coriace et se défend bec et ongles. Dans *Trump : Surviving at the Top* («Survivre au sommet»), il écrit :«Même s'ils sont impopulaires ou malchanceux, je respecte les gens intelligents et tenaces de la façon dont d'autres admirent les grands athlètes ou les grands artistes.»

ÊTRE RECONNU

«Voulez-vous savoir ce que veut dire être indiscutable-ment reconnu ? Eh bien ! Je vais vous le dire. C'est quand des Nigériens qui ne parlent pas un mot d'anglais, mais qui vendent au coin des rues des montres en toc pour quelque type du New Jersey, se mettent à crier : "Trump ! Trump !" lorsque vous passez près d'eux. On peut dire alors que vous êtes une célébrité.»

Source :

«Trump Solo», par Mark Singer, *The New Yorker,* le 19 mai 1997.

[*www.newyorker.com/magazine/1997/05/19/trump-solo*].

Mise en contexte :

Étant donné que New York est son terrain de prédi-lection, il n'est pas étonnant que l'homme de la rue le reconnaisse à première vue, mais c'est la télévision qui, souvent, présente les futures célébrités aux foules d'une manière beaucoup plus efficace que la presse écrite. Un exemple typique est celui de l'émission de télévision *The Apprentice*, dont nous avons déjà parlé, où Donald Trump se fit connaître par une phrase qui réglait le sort des candidats malchanceux : « Vous êtes viré ! »

Lorsque le réseau NBC montra récemment la porte à Trump, comme il fallait s'y attendre, la presse s'en donna à cœur joie dans des manchettes qui reproduisaient, avec des variations, la célèbre phrase : « Vous êtes largué ! »

Le 29 juin 2015, sur NPR.org, Robert Siegel annonça : « La NBC largue Donald Trump à cause de ses commentaires sur les immigrants mexicains. » Le journaliste explique que la NBC en a assez de Donald Trump et qu'elle a rompu ses liens avec le milliardaire à la suite de propos désobligeants sur les Mexicains. « Il a émis ces commentaires tout en annonçant qu'il se présentait à l'investiture », explique Siegel. Pour sa part, Eric Deggans, le critique de NPR TV, fait remarquer que la décision de la NBC menace l'empire médiatique de Trump, qui comprend notamment deux concours de beauté et un *show* de téléréalité.

Selon HollywoodReporter.com, le 19 août 2015, Janice Min nous apprend que la version de Trump diffère. Selon lui : « Les tensions principales ont surgi lorsqu'ils ont voulu reprendre *The Apprentice*, mais que je n'en avais pas envie, ce qui les a ulcérés au plus haut point. […] Voilà deux semaines, j'ai lu que les gens ne comprenaient pas pourquoi la NBC coupait les ponts avec moi. Ce n'est pas ce réseau qui rompt nos rapports, mais moi, en tout respect. Il faut dire qu'ils sont très fâchés… »

LES DÉSASTRES

«J'ai toujours réagi positivement aux désastres. Comme vous le savez, j'ai été victime d'incendies dans de grands *buildings*, et j'ai dû subir des changements économiques lors de l'effondrement des marchés au début des années 1990. J'en suis ressorti plus fort que jamais. Contrairement à bien des gens qui se sont trouvés forcés de déclarer faillite à cause du tassement du marché, je n'en ai rien fait et en suis sorti victorieux. Une expression familière que l'on entendait au cours de ces années difficiles – et que l'on peut m'attribuer – était qu'il importait de survivre jusqu'en 1995. Bref, je suis passé à travers tout ça et ces épreuves m'ont donné un nouvel élan. J'ai donc été témoin de perturbations économiques majeures. Il y a huit ou neuf ans, j'achetais, alors que tout le monde était en train de vendre parce que les gens n'avaient plus de liquidités. Cela m'a permis d'accroître mes avoirs. J'ai franchi bien des obstacles et me suis toujours retrouvé au sommet.»

Source :

«Le jour où Donald Trump s'est engagé», par Hugh Hewitt, transcription, HughHewitt.com, le 3 septembre 2015.

[*www.hughhewitt.com/donald-trump-on-the-day-he-took-the-pledge/*].

LA MÉFIANCE

«J'ai trop vu comment des gens ont profité de Fred, et la leçon que j'en ai retenue est qu'*il faut constamment demeurer sur ses gardes* – ce qu'il n'avait pas fait. En effet, il n'en voyait pas l'utilité, ce qui constitue une *erreur fatale* dans la vie. Les gens font trop facilement confiance aux autres. Je suis d'un naturel très méfiant. J'étudie tout le temps le comportement d'autrui. C'est automatique chez moi, c'est mon mode de vie, pour le meilleur et pour le pire. »

Source :

« Donald Trump », par Glenn Plaskin, *Playboy*, mars 1990.

Mise en contexte :

Son frère aîné, Fred Trump Jr., aurait dû suivre les pas de son père, mais n'étant pas intéressé par les affaires, il devint pilote de ligne. Selon *Playboy*, il mourut d'une affection cardiaque consécutive à un alcoolisme prononcé. Donald Trump, qui ne consomme pas de boissons alcooliques ou de café, rend hommage à son frère aîné, qui l'a mis en garde contre les méfaits de l'alcool et du tabac, des conseils que le milliardaire a transmis à ses propres enfants. Dans l'émission *Brody File*, diffusée en avril 2011 et intitulée « Le côté humain : Donald Trump parle du décès de son frère causé par l'alcoolisme », il déclare avoir prévenu ses enfants de manière si répétitive que sa fille Ivanka le priait d'arrêter d'insister si lourdement. Cela ne l'empêchait pas de leur réitérer ses mises en garde toutes les semaines. « Je crois qu'ils ont évité ainsi le fléau des beuveries, l'usage intensif de drogues et même du tabac. Ils ne fument pas, ne se dopent pas, ne boivent pas. Du moins, je l'espère… »

[*http://blogs.cbn.com/thebrodyfile/archive/2015/07/12/ the-human-side-donald-trump-talks-about-the-death-of.aspx*].

AMUSEUR PUBLIC ? POLITICIEN ?
OU LES DEUX ?

« Tout le monde sait que j'ai tout un caractère et que j'ai monté une affaire phénoménale de biens immobiliers comprenant des propriétés emblématiques.

« Je suis peut-être aussi un artiste grâce au succès que j'ai remporté avec mes super *best-sellers* à travers le monde, avec l'émission télévisée *The Apprentice* et tout ce que j'ai pu réaliser dans le *show-business*.

« Je vous dirai cependant ceci : je suis bien davantage un homme d'affaires qu'un amuseur public, car c'est cet esprit d'entreprise dont nous avons besoin dans ce pays pour l'extirper du marasme. Notre dette nationale est actuellement de 19 000 milliards de dollars, et nous avons besoin de faire des affaires pour redonner son rang à notre pays. Croyez-moi, je prends tout cela très calmement. On nous respectera à l'étranger, ce qui n'est pas le cas actuellement. »

Source :

« Transcription : Lisez le texte intégral du 2ᵉ débat des républicains », par Ryan Teague Beckwith, Time.com, le 16 septembre 2015.

[*http://time.com/4037239/second-republican-debate-transcript-cnn/*].

Mise en contexte :

Durant le second débat des républicains, Carly Fiorina a déclaré : « Vous savez, je pense que M. Trump est un merveilleux amuseur public. Il réussit très bien dans ce métier. »

Trump a certes des qualités scéniques, mais, comme il l'a maintes fois répété à l'occasion d'interviews, sa feuille de route en tant qu'homme d'affaires demeure la plus impressionnante. Le modérateur du débat, Jake Tapper, a comparé les deux candidats en tant que gens d'affaires. Il a posé à Mme Fiorina la question suivante : «Madame, vous avez été présidente du Conseil de Hewlett-Packard (HP). Donald Trump dit – et je cite– que vous avez "enterré l'entreprise", que vous avez licencié des dizaines de milliers d'employés et que l'on vous a mise sournoisement à la porte. Pour les électeurs souhaitant avoir quelqu'un du secteur privé à la présidence afin de créer de l'emploi, dites-moi pourquoi devraient-ils vous choisir plutôt que Donald Trump ? »

Au cours du débat, Trump ajouta : «Jeffrey Sonnenfeld, le directeur de l'École de commerce de Yale, a écrit dernièrement un article dans lequel il divulgue que le mandat de Carla Fiorina à titre de pédégère de Hewlett-Packard est le pire dont il a été témoin et l'un des vingt plus lamentables de l'histoire commerciale. D'ailleurs, à mon avis, HP s'achemine vers un désastre et continue sur cette lancée. [...] Lorsque Carla prétend que les revenus de la société ont augmenté, c'est dû au fait qu'elle a acheté Compaq – une décision qui a achevé la destruction de l'entreprise. Elle avait précédemment fait le même coup avec Lucent, dont l'aventure s'est terminée aussi en catastrophe. Je ne dirai qu'une chose : elle serait incapable de faire fonctionner la moindre de mes sociétés. Je peux vous l'assurer. »

LA FRAGILITÉ DE L'EXISTENCE

« L'existence est une chose fragile. Peu importe qui vous êtes, quelles sont vos compétences, combien de gratte-ciels vous pouvez ériger ou encore combien de personnes connaissent votre nom. Personne sur terre ne peut être totalement sûr de quoi que ce soit. Rien ne peut intégralement vous protéger des tragédies de la vie et de l'implacable passage du temps. »

Source :
Trump : Surviving at the Top – Now for the Hard Part (« Survivre au sommet – Passons maintenant à la partie la plus ardue »), Random House, 1990.

Mise en contexte :

« Le 10 octobre 1989, ma vie bascula », explique Trump. Il apprit en effet cette journée-là que trois de ses administrateurs en chef étaient morts dans un accident d'hélicoptère. C'est un reporter de CBS-TV qui lui annonça peu subtilement la nouvelle : « Cinq morts, M. Trump. Tous dans des sacs mortuaires. Des commentaires ? »

L'hélicoptère, un appareil loué, eut des ennuis mécaniques. Il s'écrasa, causant la mort de ses cinq occupants. Trump déclara que cette tragédie lui fit prendre conscience que rien ne peut vous protéger du caractère aléatoire de l'univers et que, dans ce monde, la sécurité n'est qu'une illusion.

Trump, qui a maintenant 69 ans et qui en est à son troisième mariage, a pris conscience de la fragilité de la vie et de son aspect précieux. Les personnes qu'il aime dans sa famille, dans son entourage et parmi ses employés représentent pour lui ce qui importe en fin de compte. Contrairement aux possessions terrestres comme les voitures de fantaisie, les résidences luxueuses, les hélicoptères et les immeubles commerciaux, il réalise que les vies humaines sont irremplaçables.

LES POIGNÉES DE MAIN

Un jour, au Club 21 de Manhattan, un homme qui sortait des toilettes s'approcha de Trump pour lui serrer la main, ce qui provoqua un dilemme. « Maintenant je me trouve devant une alternative, pensa Trump. Ou je choisis de ne pas lui serrer la main et je m'en fais un ennemi, ce que je refuse, car j'ai un cœur ; ou alors je lui serre la main et je ne sais pas ce que je touche. Savez-vous ce que j'ai fait ? Je lui ai serré la main, mais j'étais mal à l'aise en mangeant, parce que je ne savais pas ce que sa main avait touché. J'avais certes beaucoup de réserves. »

Source :
« Après s'être fait sonner les cloches, Trump dévoile son caractère », par Michael Barbaro, *The New York Times*, le 1er mai 2011 ; version imprimée, le 2 mai 2011.

[*www.nytimes.com/2011/05/02/nyregion/after-roasting-trump-reacts-in-character.html?_r=0*].

Mise en contexte :
Appelons cela une particularité, mais Trump n'a jamais beaucoup aimé serrer les mains, car, pour lui, cela constitue un geste non hygiénique.

Dans son livre *Comment devenir riche*, il écrit : « C'est une coutume abominable. Trop souvent, je vois quelqu'un qui est visiblement grippé ou souffre d'un mauvais rhume s'approcher de moi et me dire : "Monsieur Trump, permettez-moi de vous serrer la main." Or, le corps médical sait fort bien que c'est ainsi que l'on disperse les microbes. Je souhaiterais que nous nous inspirions des Japonais, qui se contentent de se faire des courbettes.»

LES LEÇONS DE LA VIE

«Nombreuses sont les personnes qui me demandent : "Si vous pouviez recommencer votre vie, que feriez-vous?" Je leur répète qu'étant réaliste de nature et sachant très bien qu'on ne peut vivre d'illusions, le principal est de considérer nos erreurs comme des leçons nous permettant de ne plus les commettre à l'avenir. Personnellement, je ne referais rien différemment. J'ai vécu une vie fabuleuse et étonnante, et je l'ai aimée. J'ai des enfants et une famille formidables. Je ne peux dire qu'une seule chose à propos de tout cela. Il n'y a pas de faux-fuyants. Nous devons apprendre avec les moyens dont nous disposons.»

Source :
«Interview de Donald Trump, transcription, 2ᵉ partie», par George Stephanopoulos, ABC News, le 19 avril 2011.

[*http://blogs.abcnews.com/george/2011/04/donald-trump-interview-transcript-part-two.html*].

L'ERREUR EST HUMAINE

«Il vous faut tirer des leçons de vos succès et de vos erreurs. Il est fou de ne rien retenir de nos erreurs. Idéalement, nous devrions apprendre en observant les bévues des autres, ce qui est moins onéreux et moins stressant. [...] Je ne voudrais pas faire les choses de manière très différente. Toutefois, par exemple, on me conseilla de ne pas faire *The Apprentice* sous prétexte que très peu de spectacles télévisés réussissent à survivre. Je l'ai fait en dépit de l'opposition de bien des gens. [...] Comme quoi il faut parfois se fier à son instinct.»

Source :
«Donald Trump», par Candace Taylor, TheRealDeal. com, 2009.

[*http://therealdeal.com/closings/donald-trump/*].

LES OPPOSANTS SYSTÉMATIQUES

«Si vous tenez à réussir, il faut que vous vous habituiez à vous faire souvent dire "non" et à vous en moquer. [...] Si vous n'insistez pas, vous n'irez nulle part. Le plus souvent, le mot "non" ne constitue pas une réponse valable. [...] Les gens ne pensent pas à vos intérêts, mais aux leurs. Ceux qui ont le non facile utilisent cette technique pour parvenir à leurs fins. Ne laissez personne vous freiner de façon arbitraire.»

Source :
Think Big and Kick Ass in Business and Life. («Voyez grand et cassez la baraque dans les affaires et dans la vie»), avec la participation de Bill Zanker, chapitre intitulé *Do You Have What It Takes?* («Possédez-vous les qualités nécessaires?»), HarperCollins, 2007.

Mise en contexte:
À première vue, Donald Trump n'a pas besoin des préoccupations qui viennent avec une fonction politique telle que la présidence des États-Unis, mais, dès les tout débuts de sa campagne, les opposants systématiques avaient prédit son élimination. Comme l'écrit Errol

Louis, dans le *Daily News* du 4 août 2015 : « Donald Trump n'est pas un clown : il indique qu'il tient à demeurer dans la course, et ses livres révèlent de véritables idées politiques. » Il ajoute : « Je ne compte plus le nombre d'amis et de parfaits étrangers qui m'arrêtent dans la rue pour me demander quand Donald Trump compte se retirer de la course. Je ne peux que leur répondre que, pas plus que qui que ce soit, je n'en ai la moindre idée. Nous pouvons pourtant tenir pour acquis que, comme n'importe quel candidat, il tentera de demeurer dans la course jusqu'à ce que l'issue devienne prévisible. En attendant, tous les paris sont permis, bien qu'un certain nombre de journalistes et de vieux sages déclarent, un peu prématurément à mon avis, que la fin de la carrière de Trump est juste au coin de la rue. »

Lors du premier débat présidentiel des républicains, même l'un des concurrents de Trump, le gouverneur de l'Ohio John Kasich, rendit à César ce qui était à César lorsqu'il affirma : « Nous devons prendre des leçons de Donald Trump si nous tenons vraiment à apprendre quelque chose. Donald Trump a touché un nerf à vif dans ce pays. Les citoyens sont frustrés. Ils en ont marre. Ils ne croient plus que le gouvernement travaille pour eux. Ceux qui veulent tout simplement le voir abandonner la course commettent une erreur. »

Parmi ceux qui sous-estimaient le milliardaire lors du premier débat des républicains, on retrouvait des éditorialistes du *Washington Post*, qui titraient : « Seule une poignée de candidats du GOP (*Grand Old Party* – les républicains) vit dans la réalité. » En guise de conclusion, on peut lire : « Il existe de nombreux autres candidats qui étaient incapables de rassembler leur courage, qui se trouvaient de manière effarante à côté de la plaque, ou les deux, avec M. Trump, de très loin le meneur. Ces républicains ne font que se payer un aller simple vers un désastre politique dans tous les sens du terme, car M. Trump n'est pas un candidat crédible. »

D'autres pensaient que Trump aurait abandonné la course à ce stade-ci. Mais comme Errol Louis le remarquait, Trump ne donne pas de signes de lassitude. « Nous devons donc en déduire que, comme tout autre candidat, il tentera de rester dans la course jusqu'à ce que les résultats soient évidents. »

Si Trump avait écouté ses détracteurs, il ne se serait jamais présenté. Une fois qu'il fut inscrit, ces prêche-misère prédirent qu'il ne dévoilerait jamais ses états financiers – ce qu'il fit malgré tout. Puis on l'affligea d'épithètes peu flatteuses (le *Des Moines Register* le qualifia de "vantard inepte "). Pourtant, il n'a pas abandonné. Au milieu de la scène principale, lors du premier débat des républicains, il se retrouva sous le feu nourri des modérateurs, qui tentèrent de le coincer avec une question dont ils connaissaient déjà la réponse : s'il n'était pas nommé candidat, voterait-il pour son concurrent victorieux ou se présenterait-il comme candidat indépendant ?

De nombreuses personnes étaient d'avis que non. Trump leur répondit que leur opinion lui importait peu.

Résultat : Trump joue pour gagner. Ridiculisé au départ par les médias pour avoir eu l'audace de se présenter, il est maintenant davantage pris au sérieux par les républicains et par certains médias. Susan Page, dans le *USA Today* du 23 octobre 2015, sous le titre « En pleine ascension, dans un esprit festif, Trump pense déjà à se choisir un candidat à la vice-présidence », écrit :

« Il est de plus en plus difficile de nier que cette célébrité, ce milliardaire de 69 ans, est également un candidat présidentiel crédible chez les républicains. »

LA PERSÉVÉRANCE

« Très souvent, je rencontre des personnes qui ont des idées formidables, mais qui n'ont pas la ténacité ou le talent qu'il faut pour les concrétiser. Il importe de connaître le maximum de choses à propos de votre projet. Tout ne fonctionne pas toujours comme prévu. Il faut donc continuer à cravacher et ne jamais abandonner. J'ai vu trop de gens qui se décourageaient prématurément. Il faut, bien sûr, courir des risques et être capable de vivre avec ceux-ci. Certaines personnes ne possèdent pas ce trait de caractère ou négligent de le cultiver. »

Source :

« L'interview du lundi avec Donald Trump et Robert Kiyosaki », par Dick Donahue, PublisherWeekly.com, le 3 octobre 2011.

[*www.publishersweekly.com / pw / by-topic / authors / interviews / article / 48931-the-monday-interview-with-donald-trump-and-robert-kiyosaki.html*].

Mise en contexte :

Le 21 mai 2014, sur Twitter, Trump a écrit : « La persévérance est la clé du succès. Persistez, continuez à voir grand et vous serez capable de conclure des transactions. » Dans *Trump : Never Give Up* (« N'abandonnez jamais ! »), il parle des difficultés auxquelles il a eu à faire face lorsqu'il a construit la tour Trump. « Ce ne fut pas facile dès le début, raconte-t-il. Pour commencer, il m'a fallu presque trois ans pour obtenir une réponse de l'administrateur du terrain que je voulais acheter. J'ai dû lui passer plein de coups de fil et lui envoyer nombre de lettres. J'ai appris beaucoup de choses sur la persévérance, mais j'ai également appris que si l'on se passionne pour un projet, on ne se décourage pas devant l'absence d'encouragements. Bref, je ne lâchais jamais.»

Bien que Trump puisse susciter maintes critiques, ses détracteurs les plus véhéments sont forcés d'admettre qu'en dépit des obstacles qu'il trouve sur sa route ou malgré le temps qu'il lui faut pour atteindre ses objectifs, l'homme d'affaires possède le mordant d'un pitbull lorsqu'il s'agit de faire preuve de ténacité.

LES PRÉDATEURS

«Regardez. Nous sommes pires que les lions dans la jungle, pires que n'importe quel prédateur. Les lions chassent leurs proies pour survivre. Nous chassons pour le sport. Notre genre de chasse comprend un ensemble de mauvaises actions, comme voler le bien d'autrui. Les gens sont mauvais. Ils sont vraiment terribles! Dans plusieurs cas, ils sont carrément pourris. Voilà pourquoi il faut être constamment sur ses gardes. Les gens doivent vous respecter. Si ce n'est pas le cas, même s'ils sont relativement honnêtes, ils vont commencer par vous voler. C'est ainsi que ça se passe. C'est triste, mais c'est exact.»

Source:
«Donald Trump nous parle de la sexualité, de l'argent et de la politique», par Piers Morgan, *British GQ*, GQ-magazine.co.uk, le 7 août 2015, reproduit de l'édition imprimée en décembre 2008.

[*www.gq-magazine.co.uk./entertainment/articles/2011-05/17/ gq-entertainment-donald-trump-interview-piers-morgan*].

Mise en contexte :

Au point de vue géopolitique, Trump déplore que les États-Unis soient comme le regretté monologuiste Rodney Dangerfield, dont le gag récurrent était de se dénigrer, dans un anglais volontairement déplorable, en concluant que les gens ne le respectaient pas. Trump soutient que nous donnons des *milliards* aux nations étrangères et que nous n'obtenons que très peu – ou rien du tout ! – en retour.

Dans *Time to Get Tough* (« C'est le moment de nous montrer inflexibles ! »), il cite le cas d'un pays. « Le Pakistan n'est pas notre ami, écrit-il. Nous leur avons donné des milliards et des milliards de dollars, et qu'avons-nous obtenu en retour ? De la trahison et un manque flagrant de respect. Mais il y a pire encore. Quand l'un de nos hélicoptères s'est écrasé lors du raid contre Oussama ben Laden, ils ont refilé l'appareil aux Chinois pour que leurs ingénieurs puissent l'étudier et nous voler une technologie qui nous a coûté des milliards. Les Pakistanais nous prennent pour de véritables débiles. »

Dans le même chapitre, intitulé « Renforçons la musculature de l'Amérique », il souligne que lorsque le commando américain découvrit ben Laden, ce fut dans une maison adjacente à l'un des collèges militaires les plus renommés du pays. « Cela veut dire, affirme Trump, que le Pakistan connaissait au départ où se trouvait la planque de cet individu. »

LES ARRANGEMENTS PRÉNUPTIAUX

« Par exemple, étant donné l'ampleur et la complexité de mes affaires, il aurait fallu passer entre dix et quinze ans dans différents tribunaux locaux, d'États et peut-être même de pays pour régulariser ma situation maritale avec mes deux premières épouses, Ivana et Marla. Mon existence financière aurait certainement pris fin et je n'aurais certainement pas pu écrire un livre, sans compter que j'aurais dû verser des millions d'honoraires aux avocats. Tout cela aurait été ridicule. Ma vie professionnelle étant essentiellement composée de transactions compliquées, j'aurais été entravé par les litiges et les décisions de justice, et mes affaires en auraient grandement souffert. »

Source :
Trump : The Art of the Comeback (« L'art du come-back », chapitre sur les arrangements prénuptiaux), Times Books, 1997.

Mise en contexte :
Les deux premiers mariages de Donald Trump se sont terminés par un divorce. « J'en prends le blâme, car mes affaires m'accaparaient beaucoup », avoua-t-il à l'animateur Jake Tapper, lors de l'émission *State of the Union*, diffusée par CNN. (« Donald Trump insiste sur le fait que ses trois mariages sont, somme toute, "traditionnels" », par Elise Foley, HuffPost Politics, le 28 juin 2015.)

Trump insiste sur le fait que ses deux premières épouses ont contesté les clauses de leur contrat de mariage, mais qu'elles furent déboutées. Il a, bien sûr, conclu un contrat similaire avec sa troisième femme, Melania Knauss, qui, le 22 janvier 2005, lui a donné un fils, Barron William Trump. Dans un article du *New York Magazine* du 27 mars

2006, Geoffrey Gray cite Trump en ces termes : « C'est un document catégorique, pénible et moche. Croyez-moi, il n'y a rien de drôle dans ces arrangements. Mais survient un moment où vous devez dire : "Ma chérie, je pense que tu es magnifique et je tiens beaucoup à toi, mais si les choses ne se passaient pas comme nous l'espérons, voici à quoi tu peux t'attendre." »

Trump ne croit pas que, dans un mariage heureux, on n'ait besoin que d'amour, comme le dit la chanson des Beatles. « Ce dont vous avez vraiment *besoin*, c'est un contrat prénuptial solide comme le roc. Parlez-en à Paul McCartney… »

DE LA FOLIE FURIEUSE

Glen Plaskin, du magazine *Playboy*, a posé la question suivante à Donald Trump : « Dans le livre *Trumped!* (« Atout ! »), une biographie non autorisée, votre ancien employé, John O'Donnell, vous décrit en train de lacérer les coussins d'une limousine, de défoncer d'un coup de poing le mur carrelé d'un casino et de hurler contre un pilote qui faisait des atterrissages trop rudes, selon vous… »

« O'Donnell est un *loser*. Il a inventé tout ça. Je connais à peine ce type qui n'était pas un aigle dans son boulot. On a écrit un tas de livres sur moi et, dans presque tous les cas, les auteurs ne font qu'inventer et racontent n'importe quoi. Ça ne tient pas debout. Moi, lacérer les coussins d'une limousine ? Ça ne va pas, non ? »

Source :
« Donald Trump », par Glenn Plaskin, *Playboy*, mars 1990.

Mise en contexte :

John R. O'Donnell, un ancien président-directeur général du Trump Plaza Hotel & Casino, a publié un livre où il critique vertement son patron ainsi que sa première femme, Ivana. O'Donnell décrit Trump comme étant un supérieur irascible et revendicateur, très difficile à vivre, utilisant volontiers un langage ponctué d'obscénités. L'ex-P.D.G. ne fournit pas de preuves concluantes affirmant ou infirmant ce qu'il avance.

Ce livre illustre la raison pour laquelle Trump se tient toujours sur ses gardes et se montre très critique pour ses biographies, fussent-elles autorisées ou « piratées ».

UNE SUSCEPTIBILITÉ EXACERBÉE

« Je vous entendais parler de Bush, de Rubio et des autres, mais vous avez oublié de mentionner mon nom, malgré le fait que je les enfonce tous dans les sondages… » Tel était le reproche qu'adressait Trump à un animateur du groupe MSN.

Source :

« "Mon Dieu ! Ne soyez pas si susceptible !" Joe Scarborough vient d'obtenir une interview incroyable de Donald Trump », par Colin Campbell, BusinessInsider.com, le 24 juillet 2015.

[*www.businessinsider.com/joe-scarborough-donald-trump-thin-skinned-2015-7*].

Mise en contexte :

Joe Scarborough est un animateur de MSNBC qui entretient des rapports amicaux avec Donald Trump. Dans l'interview citée par Campbell, lorsque Trump reprocha à Scarborough d'avoir omis son nom, ce dernier répliqua : « Donald, de quoi parlez-vous ? Nous n'avons pas cessé de parler de vous toute la semaine ! Toute la semaine… Seriez-vous hyper susceptible, par hasard ?

Campbell remarqua l'insistance répétitive de l'animateur, qui souligna plus d'une fois à Trump le ridicule de la situation et qui lui demanda à plusieurs reprises s'il ne souffrait pas de susceptibilité aiguë.

Trump finit par admettre sans enthousiasme qu'il était susceptible.

Dans le passé, Bill Maher, du *Huffington Post*, des journalistes du *New Republic*, ainsi que d'autres ont fait remarquer qu'à leur avis, Donald Trump a un amour-propre particulièrement exacerbé et que Scarborough n'est pas le seul à penser ainsi.

FRISE CHRONOLOGIQUE

Cette frise chronologique ne constitue qu'un survol des faits les plus saillants de la vie personnelle et professionnelle de Donald J. Trump. J'ai volontairement omis certaines informations sur les avoirs de l'Organisation Trump. Ces données sortent à mon avis du cadre du présent ouvrage. Elles couvrent des biens fonciers à travers le monde – des hôtels, des clubs de golf, des spectacles, des productions télévisées, des publications et des marques de commerce. Les lecteurs intéressés trouveront ces détails sur le site suivant : www.trump.com.

Nota bene : DT = Donald Trump

1946

Donald J. Trump naît le 14 juin dans le Queens, État de New York. Ses parents sont Frederick C. Trump, un promoteur immobilier, et Mary McLeod.

Ses frères et sœurs sont : Maryanne Trump Barry, juge à la Cour fédérale d'appel pour le district du New Jersey ; Fred Trump Jr., pilote de ligne (décédé) ; Robert Trump, vice-président directeur dans l'Organisation Trump, et Elizabeth Trump Grau, administratrice adjointe dans le secteur bancaire.

1950-1959

DT fréquente le collège préparatoire Kew-Forest, à Forest Hills, dans l'État de New York. Il avoue avoir été un élève difficile. Dans son livre, *The Art of the Deal* («Le plaisir des affaires»), il écrit: «Même au cours élémentaire, j'étais un enfant de nature péremptoire et agressive.» Selon le *Washington Post* du 17 juillet 2015, son père siégeait au conseil d'administration de Kew-Forest, ce qui n'empêcha pas le renvoi de Donald, étant donné ses problèmes de comportement. Dès qu'il eut 13 ans, ses parents l'envoyèrent à la New York Military Academy. Selon Biography.com, «ses parents espéraient que la discipline de cet établissement canaliserait son énergie de manière positive».

1959-1964

DT entre à la New York Military Academy. Toujours dans *The Art of the Deal*, il écrit: «Mon père avait décidé de m'envoyer dans un collège militaire en se disant que ce genre d'éducation me ferait du bien. Cette perspective ne m'enchantait pas, mais l'avenir prouva qu'il avait eu raison. J'y demeurai jusqu'à la fin de mon cours secondaire et, en chemin, j'appris beaucoup de choses sur la discipline et sur les moyens de transformer mon agressivité en actes de nature constructive. Au cours de mes années terminales, j'ai été nommé capitaine des cadets.»

En juin 1964, DT est diplômé de la New York Military Academy, après s'être distingué en tant qu'athlète et leader étudiant.

1964-1966

DT s'inscrit à l'Université Fordham, puis à la Wharton School of Finance de l'Université de Pennsylvanie. Encore étudiant, DT s'engage dans l'affaire familiale, Trump Management Co., dont les activités se concentrent sur les arrondissements entourant Manhattan.

1968

DT décroche un bac en sciences économiques à Wharton. Dans *The Art of the Deal*, il écrit: «À cette époque, si vous désiriez entreprendre une carrière commerciale, Wharton vous assurait la formation idéale. L'École de commerce de Harvard produit peut-être beaucoup de P.D.G. – des gars qui administrent des sociétés anonymes –, mais les véritables entrepreneurs semblaient tous se diriger vers Wharton. [...] L'une des choses les plus importantes que j'y ai apprises, c'est de ne pas se laisser impressionner par les titres universitaires. [...] À mon avis, ils ne prouvent pas grand-chose, mais une foule de gens avec qui je fais affaire les prennent très au sérieux pour des questions de prestige.»

Trois des enfants Trump – Donald Jr., Eric et Ivanka – travaillent pour la famille. Citant Jack Dickley (article du 16 août 2015 paru dans Time.com), le Business Insider relève que l'Organisation Trump compte 22 000 employés, 9 hôtels de luxe, 17 clubs de golf et 18 propriétés résidentielles de luxe à travers le monde. [...] Don Jr. administre le portefeuille de sociétés, Ivanka supervise les hôtels de la famille et Éric gère les clubs de golf.

1971

DT emménage dans un studio à Manhattan, au coin de la 75e Rue et de la 3e Avenue. «M'installer dans cet appartement fut probablement plus excitant pour moi que lorsque, quinze ans plus tard, j'emménageai dans les trois derniers étages de la tour Trump. J'étais un petit gars du Queens qui travaillait à Brooklyn et, d'un seul coup, je me retrouvais dans un appartement de l'Upper East Side», consigne-t-il dans *The Art of the Deal.* C'est là qu'il entreprit sa carrière de promoteur immobilier.

1972

DT conclut sa première affaire d'importance: la vente de Swifton Village à Cincinnati, en Ohio, pour 6,75 millions de dollars.

1974

DT acquiert une propriété riveraine du fleuve Hudson connue sous le nom de West Side Yards. Sur ses 92 acres, il construit un complexe du nom de Television City, qui devait s'appeler plus tard Trump City. Selon Observer. com (Eliot Brown, le 5 août 2008): «M. Trump vendit la plus grande partie de cette propriété au milieu des années 1990 à un groupe d'investisseurs de Hong Kong. [...] Vers le milieu de 2005, Extell et le Groupe Carlyle rachetèrent le reste de la propriété pour 1,76 milliard de dollars, mais M. Trump entama une poursuite judiciaire en invoquant que les investisseurs hongkongais auraient pu obtenir un meilleur prix.»

DT devient président de l'affaire familiale, Trump Management Co., qui, en 1980, fut rebaptisée Organisation Trump.

1976

DT et Hyatt Corporation s'associent pour acheter l'hôtel Commodore et le transformer en Grand Hyatt. Le 7 octobre 1996, Hyatt rachète les parts de Trump pour 142 millions de dollars.

1977

DT épouse Ivana Marie Zelnìcková, un mannequin new-yorkais. Donald Trump Jr. naît le 31 décembre de la même année.

1979

Après avoir acheté les «droits de superposition» de Tiffany, la société voisine, DT achète le grand magasin de 11 étages Bonwit Teller, sur la 5e Avenue, entre la 56e et la 57e Rue. Il reconstruit l'immeuble et le transforme en un gratte-ciel polyvalent de 68 étages abritant des boutiques, des bureaux et des appartements. Il se réserve les trois derniers étages totalisant une surface de 30 000 pieds carrés [environ 2787 mètres]. Cet immeuble, fleuron de l'empire immobilier du magnat, se nomme la tour Trump.

1980

DT reprend la construction de la patinoire Wollman de Central Park après que la ville de New York eut dépensé 12 millions et travaillé en vain sur le projet pendant six ans. L'anneau de glace Trump demeure ouvert d'octobre à avril.

DT ouvre le Grand Hyatt de New York après y avoir effectué des rénovations majeures.

1981

Ivanka Trump, deuxième enfant de DT, naît le 30 octobre. Plus tard, en compagnie de ses frères, elle formera le Groupe des hôtels Trump. Elle lance sa collection de vêtements et d'accessoires, qu'elle vend dans les magasins huppés. Elle devient vice-présidente directrice des Acquisitions et du Développement dans l'affaire familiale. Elle est l'auteure de *The Trump Card : Playing to Win in Work an Life* (« L'Atout : Jouer pour réussir, au travail comme dans la vie »), publié chez Touchstone en 2009.

1982

DT achète Harrah's et le rebaptise Trump Plaza.

1983

La tour Trump ouvre à Manhattan et devient une importante attraction touristique.

DT devient propriétaire d'une équipe de football, les New Jersey Generals, membres de l'United States Football League. Cette dernière cessera ses activités après seulement trois saisons.

1984

Naissance d'Eric Trump, le troisième enfant de DT. Comme son frère aîné et sa sœur, il travaillera pour la famille. Il est actuellement responsable du Développement et des Acquisitions dans le secteur de la construction. Il est propriétaire de Trump Winery, une entreprise viticole de 1300 acres près de Charlottesville, en Virginie, qui a ouvert en 2011.

1985

DT achète Mar-a-Lago, une luxueuse résidence située à Palm Beach, en Floride. Ce domaine est maintenant un club privé qui a gardé le nom original de la propriété.

DT achète un immeuble à loyer modéré au 106 Central Park South, ainsi que l'hôtel Barbizon Plaza, qui lui est adjacent. Il rénove le tout et l'appelle Trump Parc. Construit en 1930, l'immeuble est vendu par appartements.

1987

DT publie son premier succès de librairie, *Trump : The Art of the Deal* (« Le plaisir des affaires »), chez Random House.

1988

DT achète l'hôtel Plaza, sur la 59ᵉ Rue et la 5ᵉ Avenue. Il paie 210 millions pour la propriété et 180 millions pour l'hôtel et son contenu, soit un total de 390 millions de dollars.

Trump vend l'hôtel 325 millions de dollars en 1995. Il sera par la suite revendu 675 millions en 2004.

1989

DT achète 365 millions de dollars la navette aérienne d'Eastern Air Lines qui relie aux heures New York à Boston et la renomme *Trump Shuttle*. Il la revend en 1992 à US Airways, qui cessa ses activités le 17 octobre 2015 et qui fait dorénavant partie d'American Airlines.

Un pilote, un copilote et trois cadres supérieurs de DT engagés dans ses affaires de casinos périssent lors de l'écrasement d'un hélicoptère à leur retour à Atlantic City.

DT commence la construction du Trump Taj Mahal, un grand casino situé au 1000 Boardwalk, à Atlantic City, au New Jersey.

1990

Le marché de l'immobilier s'effondre et nuit sérieusement à l'Organisation Trump. Avec détermination et fermeté, Trump effectue un retour.

DT ouvre son troisième casino à Atlantic City, le Trump Taj Mahal, qu'il qualifie de «huitième merveille du monde». Michael Jackson assure le spectacle inaugural.

Trump vend son yacht, le *Trump Princess*, 110 millions de dollars. En 1987, il l'avait acheté 30 millions au sultan du Brunei.

1992

DT et Ivana Trump divorcent après quinze ans de mariage à la suite d'une saga médiatique bien organisée. Les intérêts du magnat sont protégés par un contrat prénuptial particulièrement prévoyant. Ivana créera plus tard sa propre collection de vêtements, de bijouterie et d'articles de mode, qu'elle vendra elle-même sur les réseaux de télévision câblés. Elle publiera aussi plusieurs livres.

1993

DT épouse Marla Maples en secondes noces. Elle est la mère de Tiffany Ariana Trump, née le 13 octobre. Le magazine *People* du 7 août 2015 dévoile que Tiffany est inscrite à l'Université de Pennsylvanie, l'*alma mater* de son père. Elle mène une vie plutôt discrète, mais, dans une démonstration de solidarité familiale, est apparue au premier débat des républicains.

1994

DT est copropriétaire de l'un des lieux symboliques de New York, l'Empire State Building. Le 8 juillet 2004, l'agence Associated Press expliquait que le montage financier n'avait pas coûté un sou à Trump. En échange d'un financement par augmentation de capital pour NS America, le groupe qui a acheté l'édifice pour 45 millions de dollars en octobre, Trump s'est réservé 50 pour cent de la propriété du gratte-ciel.

DT et son associé japonais vendent l'Empire State Building à son locataire à long terme pour 57,5 millions de dollars.

1996

DT assure l'exploitation de l'Organisation Miss Univers, connue pour ses concours de beauté comme Miss Univers, Miss USA et Miss Teen USA. Il doit débourser 10 millions de dollars pour ces entreprises.

1999

DT divorce d'avec Marla Maples.

Dans le *New York Times* du 14 novembre 2012, Mme Maples s'est confiée à la journaliste Judith Newman. «Il émanait de Donald comme une lumière positive, une bonté, et nous étions sur la même longueur d'onde, expliqua-t-elle. Seulement il y avait l'argent et le pouvoir qui se rattachaient à tout ça. Ces deux facteurs se sont immiscés dans notre amour mutuel et, pour tout dire, l'ont fracassé. »

Le point de vue du milliardaire diffère sur ce point. Dans son livre *The Art of the Comeback* (« L'art du come-back »), publié en 1997, il écrit : « En fait, le temps passe et les gens changent. On peut avoir été très amoureux lorsqu'on s'est marié mais, quelques années plus tard, on n'a plus du tout envie de vivre avec cette personne. »

Fred Trump, le père de DT, disparaît.

Le 7 octobre, DT forme un comité préparatoire afin de s'inscrire dans la course à la présidence du pays pour l'an 2000. Réalisant qu'il ne gagnera jamais en tant que candidat indépendant, il adhère au Parti républicain.

DT met sur pied Trump Model Management, une agence de mannequins-vedettes.

Quoique fiché républicain, DT change d'allégeance politique et se joint au New York Independence Party (version étatique du Reform Party), avec l'intention de lancer une tentative de candidature à la présidence. S'apercevant qu'un candidat du Reform Party ne pourrait gagner, il choisit de ne pas se présenter. « Je comprends ce truc. Je sais reconnaître les temps favorables des temps défavorables. Après tout, pourquoi un politicien pourrait-il accomplir un meilleur travail que moi ? » (CNN.com/ALLPOLITICS, le 25 octobre 1999.)

2001

DT s'inscrit comme républicain. Selon TheSmoking Gun.com du 6 août 2015, les adhésions politiques de Trump ont bien changé au fil des années : il était républicain en juillet 1979 ; membre de l'Independence Party en octobre 1990 ; démocrate en décembre 2011, et de nouveau républicain en avril 2012. « Je ne souhaite pas adhérer à un quelconque parti », aurait-il affirmé.

DT parachève la construction d'appartements très luxueux, Trump World Tower, au 845 United Nations Plaza, au coût de 325 millions de dollars.

2004

DT s'associe à la chaîne NBC en qualité d'animateur et de producteur de *The Apprentice*. Plus tard, avec Mark Burnett, il coproduira *The Celebrity Apprentice*. Ces deux *shows* ont duré quatorze saisons.

DT caresse toujours l'idée de se présenter aux présidentielles sous l'étiquette républicaine, mais finalement y renonce.

The Apprentice est en nomination pour un Prime Time Emmy Award, mais ne remporte aucun prix. Il sera similairement mis en nomination en 2005, 2006 et 2009, mais en vain.

2005

Le 22 janvier, DT convole en justes noces pour la troisième fois avec Melania Knauss à l'église épiscopalienne de Bethesda-by-the-Sea, à Palm Beach, en Floride. La réception a lieu au Mar-a-Lago Club. Les frais de ce mariage ont été évalués à un million de dollars.

DT lance Trump University (renommée Trump Entrepreneur Initiative en 2010). Un reportage de CNN, par Jeanne Sahadi et Karen McGowan diffusé le 24 juillet 2015, soutient que cet établissement promettait «d'enseigner aux étudiants les techniques du magnat afin de pouvoir s'enrichir dans l'immobilier». DT fait actuellement face à deux poursuites judiciaires de la part de ses anciens étudiants et du ministre de la Justice de l'État de New York. L'un des étudiants, qui a dépensé 36 000 $ pour ses cours, a notamment déclaré que ces derniers «n'étaient pas de calibre universitaire et ne tenaient donc pas leurs promesses».

Avec l'aide d'un consortium d'investisseurs hongkongais, DT vend une propriété riveraine du fleuve Hudson ainsi que trois bâtiments dans l'Upper West Side pour environ 1,8 milliard de dollars. Il s'agit de la plus importante vente résidentielle de l'histoire de la ville et un exemple d'explosion des prix du logement. («Le groupe Trump vend le West Side [...], par Charles V. Bagli, *New York Times*, le 1er juin 2005.)

2006

DT a une sérieuse prise de bec avec Rosie O'Donnell, alors coanimatrice de *The View*. Elle affirmait que

Trump n'avait jamais été un *self-made-man****** mais plutôt une sorte de charlatan, un Docteur Miracle pour téléséries du genre « La petite maison dans la prairie ». Elle ajoutait aussi qu'il aimait déblatérer sur sa vie maritale. Trump, qui aime toujours avoir le dernier mot, déclara aux potiniers du magazine *People* qu'on ne pouvait se permettre de raconter des faussetés et que Rosie regretterait amèrement ses paroles, d'autant plus qu'elle prétendait qu'il avait déclaré une faillite personnelle alors qu'il s'agissait de faillites d'entreprises. « Je vais probablement la poursuivre pour avoir tenu des propos mensongers, affirma-t-il, et nous allons nous amuser. Rosie est une loser, une perdante chronique. J'ai bien hâte d'encaisser de généreux dommages et intérêts de ma grassouillette petite Rosie… », conclut-il.

Le 20 mars, Melania Knauss donne naissance au cinquième enfant de DT. On le nomme Barron William Trump.

DT acquiert une propriété en Écosse avec l'idée de la transformer en club de golf. La planification et la construction du parcours et des bâtiments coûtent 150 millions de dollars. L'établissement, situé près d'Aberdeen, ouvrira sept ans plus tard.

***** Il est vrai que Donald Trump n'a pas commencé dans la vie avec une vieille voiture payée à crédit. Comme on l'a vu, Fred, son père, un multimillionnaire, l'inscrivit dans un excellent collège militaire et, à Wharton, dans une prestigieuse école de commerce. Il l'avait également formé et aidé financièrement. (NDT)

2007

DT obtient une étoile sur la Hollywood Walk of Fame («Promenade des célébrités») pour son émission de télé *The Apprentice*.

2009

DT enregistre sa quatrième faillite d'entreprise à la suite du surendettement d'un casino et de propriétés hôtelières à Atlantic City.

2010-2012

Profitant de la rumeur selon laquelle Barack Obama ne soit pas né aux États-Unis et des remous que cela provoque dans les médias, DT flirte avec l'idée de se présenter comme président. Il décide de remettre sa décision à plus tard.

2015

Le 16 juin, à la tour Trump, DT annonce qu'il se présente à l'investiture présidentielle en vue des élections de 2016.

TRUMP SUR LA TOILE

Pour un complément d'information sur Donald Trump, voici quelques sites utiles que l'on peut trouver sur Internet :

1. *www.donaldjtrump.com*, un site politique exclusivement réservé à la participation du candidat à la course à la présidence. On y trouve les dernières nouvelles, des articles sur les positions de Trump et même une boutique vendant des casquettes, des autocollants et des tee-shirts portant le slogan « Redonnons sa grandeur à l'Amérique ! »

2. *www.trump.com*, un site commercial réservé exclusivement aux affaires, à l'Organisation Trump, à ses avoirs et à ses projets.

3. *www.facebook.com/DonaldTrump*, la page Facebook officielle de Donald Trump. Elle comportait 4 228 453 « Likes » (« J'aime ») le 14 novembre 2015.

4. *http://twitter.com/realDonald Trump*, le profil Twitter officiel de Donald Trump.

5. *www.youtube.com/DonaldTrump*, le canal YouTube de Trump.

6. *www.nytimes.com*, le site Web du *New York Times*. La meilleure source d'information du genre sur Trump, un célèbre enfant de la métropole.

7. *www.PolitiFact.com*, une division du *Tampa Bay Times*. On peut lire sur sa présentation : « PolitiFact est un site Web indépendant qui vérifie soigneusement les faits afin de vous transmettre des données politiques le plus exactement possible. Les reporters et responsables de la rédaction examinent les déclarations émanant de la Maison-Blanche, du Congrès, des candidats, des divers groupes de pression, et évaluent leur exactitude selon les critères de notre *Truth-O-Meter* (grille d'évaluation de la qualité des infos). Chacune de ces vérifications comprend une analyse des prétentions des politiciens, des explications sur notre raisonnement et une liste de liens vers toutes nos sources. »

Nota : Trump achète massivement et de façon proactive des sites Web afin de préserver les noms-clés tels que *www.donaldjtrump.com* et *www.trump.com*. Dans un communiqué daté du 13 août 2015 et intitulé « Donald Trump possède des milliers d'adresses secrètes sur le Web », le journaliste Hunter Walker déclare sur BusinessInsider. com : « Eric, le fils de Trump, qui est vice-président directeur du Développement et des Acquisitions dans l'Organisation Trump, dévoile que sa société achète "des milliers de sites Internet" chaque année et qu'ils couvrent une foule de domaines. Eric assure que cette pratique est "normale dans les affaires". Ainsi, il mentionne que les quelque 3000 domaines enregistrés par l'entremise du courriel de leur chef du contentieux ne constituent qu'une fraction des "dizaines de milliers" d'adresses Web dont l'entreprise est propriétaire. »

UN HOMME DE... CARACTÈRES

Nota : Ces livres sont listés chronologiquement, par date de publication. Ils comprennent ceux que le milliardaire a publiés ainsi qu'un livre de sa fille Ivanka.

* * *

Trump : The Art of the Deal, avec la collaboration de Tony Schwartz, édité chez Random House en 1987. Publié en France par Ergo Press Repo en 1992, sous le titre : *Le plaisir des affaires.*

Ce fut son premier grand succès de librairie. Il le mentionna à la tour Trump lorsqu'il présenta sa candidature. Le livre commence par un chapitre intitulé «Une semaine dans la vie» (de Donald Trump, bien sûr). Il s'agit d'un regard sur ce qui se passe derrière le décor de cette tour de 200 mètres de haut. Son bureau se trouve au 26e et ses appartements privés occupent les trois derniers étages de l'immeuble.

Un autre chapitre sert de presse-livre au premier. Il s'appelle «La semaine passée : comment les transactions se conclurent» et reflète les préoccupations majeures de Trump. Il note, en effet : «J'adore conclure des affaires, préférablement des affaires importantes. C'est ainsi que je prends mon pied.»

Ce livre a un aspect autobiographique. Ses pages préliminaires ont pour but de dresser le décor. Tel que le titre anglais le souligne (littéralement :« L'art de transiger »), l'auteur annonce qu'il se penche principalement sur cette question. Chaque propriété a droit à son chapitre où Trump explique de A à Z, depuis l'acquisition initiale, les étapes de l'affaire traitée jusqu'à sa conclusion et au-delà.

Il s'agit d'un livre de motivation pour les gens d'affaires. Trump ajoute qu'il a découvert qu'il était très fort pour surmonter les obstacles et inciter les bonnes personnes à faire de leur mieux. [...] « J'ai bien l'intention de continuer à traiter des affaires, de grosses affaires, et ce, 24 heures par jour », affirme-t-il.

Dans une introduction de *Trump : How to Get Rich* (« Comment devenir riche »), publié en 2004, il écrivit que *Le plaisir des affaires* avait été le livre sur le commerce qui s'était le mieux vendu de la décennie, avec trois millions d'exemplaires imprimés.

* * *

Trump : Surviving at the Top, avec la collaboration de Charles Leerhsen, édité chez Random House en 1990. Une version française, *Survivre au sommet*, est parue chez Michel Lafon en 1991.

Paru sur les talons du premier livre de Donald Trump, ce second ouvrage se veut différent. L'auteur explique qu'il ne voulait pas écrire une suite au *Plaisir des affaires* et continuer à parler de ses fabuleuses transactions. Son objectif était plutôt de livrer un travail plus personnel. « Depuis mon premier ouvrage, j'ai remporté certaines des plus belles victoires de ma carrière, mais j'ai dû également affronter certains obstacles qui m'ont appris à ne pas tenir le succès pour acquis. Voilà pourquoi j'ai appelé ce livre *Survivre au sommet.* »

Dans un trait satirique de ce livre, Trump cite une phrase souvent utilisée par le président Theodore Roosevelt recommandant de bien accorder le crédit d'une action à la personne qui le mérite, et non à ses critiques. La manière dont Trump se considère est manifeste et elle contribue fortement à sa survivance parmi les grands fauves de la finance.

Sur les plans du contenu et du traitement, ce livre ressemble au *Plaisir des affaires*, puisqu'il traite des projets par chapitre. Pourquoi, en effet, modifier une formule gagnante ?

Le livre se termine par un chapitre qui jette un certain éclairage sur la dureté, qui est l'un des traits de caractère de Trump. Même ses détracteurs admettront, de manière anonyme et de mauvaise grâce, peut-être, que son comportement inflexible l'a bien servi au cours de sa carrière. Dans ce chapitre, l'auteur écrit : « J'ai la réputation d'être dur et j'aime à penser que c'est justifié. Il faut se montrer dur lorsqu'un tas de gens influents racontent que vos beaux jours sont chose du passé pendant que votre mariage se détériore et que les pressions financières augmentent. À longue échéance, la dureté a prouvé qu'elle était l'un des principaux secrets de ma survivance. »

* * *

Trump: The Art of the Comeback (« L'art du come-back »), avec la participation de Kate Bohner, édité par Times Books en 1997 ; il n'existe apparemment pas de version française.

Tout comme Steve Jobs, qui a organisé l'un des retours les plus spectaculaires du monde des affaires américain lorsqu'il est revenu chez Apple, Trump est passé par là et a vécu la même odyssée. En fait, le titre de ce livre reflète cette réalité et se justifie.

Dans l'introduction, il raconte comment les banques le harcelaient, tandis que la guerre du Golfe avait des conséquences désastreuses sur le tourisme. « Mes casinos étaient aux prises avec des problèmes de liquidités. Puis je fis défaut sur un versement hypothécaire concernant le Castle, à Atlantic City, et ce fut l'enfer. Wall Street s'affola, les journaux anticipaient ma déchéance. Bref, j'étais acculé au mur », rappelle-t-il.

« C'est alors qu'aux alentours de Noël 1990, je me suis dit : "Donald, c'est le moment de contre-attaquer." Je me suis donc mis au travail. Aujourd'hui, j'ai plus de trois millions de dollars de liquidités, j'ai réglé mes dettes personnelles, les affaires tournent rond. [...] »

Le Livre des records Guinness le crédite pour avoir accompli le plus important rétablissement financier dans l'histoire des affaires.

* * *

The America We Deserve (« L'Amérique que nous méritons » ; il n'existe apparemment pas de version française). Édité par Renaissance Books, St. Martin's Press, 2000.

Dans son introduction (« Le côté sérieux de Trump »), l'auteur décrit précisément quel est le contenu du livre, soit son insatisfaction croissante face au système politique américain, fourmillant de politicards incompétents maintenant le statu quo aux dépens du public. Laissant présager l'éventuelle candidature présidentielle de Trump en 2015, ce livre, publié en 2000, expose les raisons de ce choix. Il écrit : « Je ne me présenterai que si j'ai la ferme conviction de pouvoir gagner. Toutefois, à cette étape, deux choses sont certaines : tout d'abord, je crois que les non-politiciens représentent les leaders de l'avenir et que, si je suis élu, je serai le genre de président dont les Américains ont besoin au seuil du nouveau millénaire.

Étrangement visionnaire, Trump a l'intuition que d'autres leaders, non issus des milieux politiques, se manifesteront et que leur heure approche. Ce livre provoque de nombreuses réflexions et indique la manière dont Trump considère le système politique américain, qu'il estime boiteux et qui, à son avis, explique le désintérêt de l'électorat.

* * *

The Way to the Top : The Best Business Advice I Ever Received (« Vers le sommet : Le meilleur conseil que l'on m'ait donné dans le monde des affaires »), publié chez Random House en 2004 (il n'existe apparemment pas d'édition française).

Il s'agit d'une collection de conseils que Trump a sollicités auprès de personnes influentes dans les milieux commerciaux et financiers. Prenant comme principe que l'on ne peut acquérir toute la sagesse voulue lorsqu'on veut réussir, il a demandé aux plus brillants gens d'affaires qu'il connaissait, ainsi qu'à d'autres sommités, quel était, à leur avis, le meilleur conseil qu'ils n'avaient jamais reçu.

Adam M. Aron, P.D.G. de Vail Resorts Inc., donne cet exemple en guise de conseil : «Autant que possible, ne faites affaire qu'avec des gens bien et honorables. Lorsque vous traitez avec des gens bien, vous n'avez pas besoin de contrat, mais si vous négociez avec des fripouilles, nul contrat ne pourra vous protéger. »

* * *

Trump : How to Get Rich, avec la collaboration de Meredith McIver, publié chez Random House en 2004. En version française sous le titre : *Comment devenir riche*, publié en 2005 chez François Bourin.

«Comment devenir riche». C'est ainsi que j'ai décidé d'appeler ce livre, explique Trump. Chaque fois que je rencontre des gens, c'est la question qu'ils me posent. C'est normal. Tout comme on demande à un boulanger comment il fait son pain, on demande aux milliardaires comment ils gagnent de l'argent. […] Le hic est que les milliardaires sont plus difficiles à trouver. »

Un livre sur les affaires en général qui explique l'état d'esprit et les valeurs que l'auteur considère non seulement pour devenir riche, mais richissime.

* * *

Think Like a Billionnaire : Everything You Need to Know About Success, Real Estate, and Life, avec la collaboration de Meredith McIver, publié chez Random House en 2004. («Pensez comme un milliardaire. Tout ce que vous devez savoir sur la réussite, l'immobilier et la vie»); il n'existe apparemment pas de version française.

Dans son introduction, Trump explique que ce livre devrait être considéré comme la deuxième partie du précédent ouvrage, *Comment devenir riche*, paru en anglais en 2004. À mon avis, l'auteur aurait dû mieux y développer le thème principal, expliquant comment, après avoir fait son apprentissage dans l'affaire de famille, il est devenu millionnaire puis milliardaire.

Autrement dit, au lieu de parler des milliardaires en tant que groupe – ce à quoi il se livre brièvement dans son introduction –, il aurait mieux fait d'expliquer leur état d'esprit et montrer comment ils traduisent leur pensée en termes d'affaires profitables, comment ils ont géré leurs sociétés, et ensuite traiter de ses propres affaires sous forme d'une sorte de comptes rendus.

Par exemple, quel a été le processus mental de Bill Gates qui l'a amené de la programmation informatique à la tête de Microsoft ? Ou encore de Mark Zuckerberg qui, après avoir créé un « trombinoscope » électronique pour ses amis de Harvard, l'a transformé en un réseau social couvrant la planète ? Ou encore de Steve Jobs, qui fit un succès de l'ordinateur monté à la main par son associé Steve Wozniak et se servit de son exemplaire sens de la communication pour rendre les ordinateurs personnels conviviaux et commercialisables ?

Dans le cas de Trump, on se demande quelle a pu être la réalisation de son plan, étape par étape. Les esprits curieux aimeraient bien le savoir.

Dans ce livre, on trouve l'obligatoire « jour dans la semaine », précédemment évoqué, et un long chapitre sur les coulisses de *The Apprentice*, le *show* de téléréalité du nabab. Afin de mieux resserrer la matière du présent ouvrage, il aurait mieux fallu réserver ces deux sujets pour un autre titre.

Bien qu'on trouve beaucoup d'information dans ce livre, il eût été opportun de l'intituler simplement : *Donald Trump : Réussir dans la vie et dans les affaires.*

* * *

Trump 101 : The Way to Success, avec la collaboration de Meredith McIver, publié chez Wiley en 2006. («Trump 101 : Le chemin de la réussite»; il n'existe apparemment pas de version française.)

Tel que le titre le suggère, il s'agit d'un livre de base sur la sagesse commerciale. Il s'adresse donc à ceux et celles qui désirent se lancer en affaires. Trump le définit ainsi : «Cet ouvrage rassemble mes convictions dans le domaine des affaires et de la vie quotidienne, autrement dit les principes et règles de base que je préconise.» On y retrouve les nombreux thèmes dont il traite lors de ses interviews : l'importance d'être passionné, de viser la perfection, de placer la barre haut et autres conseils qui ont fait leurs preuves.

* * *

Why We Want You to Be Rich : Two Men – One Message («Pourquoi nous voulons que vous deveniez riches – Deux hommes et un message»), par Donald Trump, avec la collaboration de Meredith McIver, et Robert Kiyosaki, avec la collaboration de Sharon Lechter, publié chez Rich Press en 2006; il n'existe apparemment pas de version française.

Ce livre est le résultat de la rencontre d'un millionnaire et d'un milliardaire. Composé avec deux sortes de caractères, on peut distinguer les propos de Trump de ceux de Kiyosaki. La thèse que soutiennent les auteurs et leurs adjointes est qu'une connaissance des pratiques financières est ce qui fait la différence entre les riches et les pauvres. Dans l'introduction, on peut lire : « L'inquiétude des auteurs est que les riches s'enrichissent de plus en plus, alors que l'Amérique s'appauvrit. Tout comme les calottes polaires, la classe moyenne est en voie de régression, et l'Amérique est en train de devenir une société à deux classes. Sous peu, la population sera scindée en deux groupes, les riches et les pauvres. Mais Donald et Robert veulent que vous vous enrichissiez. […] La plupart des personnes appartenant aux classes moyennes sont des investisseurs passifs qui travaillent et investissent pour ne pas perdre. Les riches sont des investisseurs actifs qui travaillent et investissent pour gagner. Ce livre a pour objectif de faire de vous des investisseurs actifs et d'augmenter vos moyens pour vivre fastueusement en travaillant et en investissant de manière gagnante. »

L'ouvrage, qui comprend des jeux de questions et de réponses, de nombreux graphiques, des encadrés, des citations, suscite d'intéressantes réflexions.

* * *

Think Big and Kick Ass in Business and Life. (« Voyez grand et cassez la baraque dans les affaires et dans la vie »), avec la participation de Bill Zanker, publié par HarperCollins en 2007 ; il n'existe apparemment pas de version française.

On se demandera qui est ce Bill Zanker et pourquoi il collabore avec Trump à la rédaction de ce livre. C'est le personnage qui, en 1980, amassa une mise de fonds de 5000 $ pour créer The Learning Annex, une institution d'éducation permanente des adultes. Les cours, qui n'ont rien d'universitaire, sont du genre pratique et populaire. Par exemple, ils peuvent porter sur ce qu'il faut faire pour acheter une maison qui vient d'être saisie ou sur la manière de fabriquer son propre savon.

Dans l'introduction, Zanker écrit : « Lisez chaque chapitre et laissez-vous envahir par la dynamique de Trump tout en apprenant une leçon. Adaptez l'attitude audacieuse de Trump à votre propre vie. Inspirez-vous de l'attitude de Trump pour fracasser les limites que vous vous êtes imposées. »

Zanker joue au docteur et nous remet sa prescriptionsur un ton plaisant : « Inoculez-vous contre la crainte de l'échec en prenant une bonne dose de vitamines appelées *Trumptudes* », suggère-t-il.

Dans d'autres livres, Trump fournit des informations spécifiques sur l'acquisition de propriétés ; dans celui-ci, il parle de tactiques.

Nous avons là de l'information pertinente. Ceux et celles qui voudraient en savoir plus long sur l'état d'esprit de Trump dans ses rapports avec les autres en auront pour leur argent.

* * *

Trump : Never Give Up – How I Turned My Biggest Challenges Into Success (« N'abandonnez jamais ! – Comment j'ai transformé mes plus grands défis en réussites »), avec la collaboration de Meredith McIver, publié en 2008 chez Wiley ; il n'existe apparemment pas de version française.

Fort opportunément, le premier chapitre s'ouvre sur un événement imprévisible lorsque deux journaux new-yorkais respectables, le *Wall Street Journal* et le *New York Times*, fondirent sur Trump comme la misère sur le pauvre monde en mars 1991. « Glosant sur mes problèmes de liquidités et sur la débandade financière qui, selon eux, devait survenir d'un instant à l'autre […], ce fut le moment le plus pénible de mon existence. Les téléphones de mon bureau devinrent soudainement silencieux, ce qui n'était jamais arrivé », rappelait Trump.

Après avoir bien réfléchi, Trump admit qu'il avait perdu de vue sa perspective et qu'il s'était montré complaisant envers lui-même. « Je n'avais pas donné l'élan à l'endroit où il aurait dû s'appliquer », avoua-t-il.

Trump avait garanti des milliards en prêts, dont 975 millions personnellement, sur sa simple signature. « J'aurais pu facilement faire faillite », fit-il remarquer.

Cependant, il ne lâcha jamais la barre, évita un désastre financier et poursuivit sa progression là où d'autres lui prédisaient une faillite retentissante. Ils avaient tort et il avait raison.

Contrairement à son premier livre, *Le plaisir des affaires*, celui-ci met l'accent sur les leçons que le promoteur a tirées de certains projets de construction et des situations spécifiques. « Plus j'avançais, écrit-il, plus je réalisais que chaque projet arrivait avec son ensemble de défis majeurs. Je commençais donc à les anticiper et m'y préparais. Une autre raison pour laquelle j'ai écrit

N'abandonnez jamais! est que je voulais souligner à mes lecteurs la nécessité d'une bonne préparation, en plus de les aider à affronter les situations auxquelles ils auront à faire face.» Principalement, Trump insiste sur le fait que, si vous tenez à réussir dans la vie et dans les affaires, il faut apprendre à ne pas accepter un «non» pour toute réponse et à ne pas laisser les autres vous répéter que tel ou tel problème est insurmontable. Tel qu'il l'explique dans son livre, lorsqu'il entend le mot «non», cela est synonyme de défi à relever. «Je crois que ce que l'on prétend impossible est souvent très possible lorsqu'on est décidé à travailler dur et que l'on réalise que les problèmes peuvent se transformer en occasions profitables.»

* * *

Trump-Style Negociation: Powerful Strategies and Tactics for Mastering Every Deal, par George H. Ross, publié chez Wiley en 2008. («La Formule Trump dans les négociations – Stratégies et tactiques super efficaces pour maîtriser toute transaction»; il n'existe apparemment pas de version française.)

Si le nom de l'auteur ne vous dit rien, celui de son employeur ne vous surprendra pas puisqu'il s'agit de Donald Trump. Ceux et celles qui suivaient les péripéties de l'émission de téléréalité *The Apprentice* se souviendront probablement de lui. George Ross est un conseiller juridique en chef dans l'Organisation Trump et donne des cours de négociations à la New York University. En résumé, il s'agit d'un maître négociateur et, à ce titre, il a beaucoup à dire sur le sujet.

Un livre pratique, rempli de judicieux conseils, exposant les stratégies adéquates pour garder la main haute lors des transactions, pour acquérir un état d'esprit propice à des négociations efficaces et pour mettre à contribution ses talents personnels.

* * *

Think Like a Champion : An Informal Education in Business and Life, avec la collaboration de Meredith McIver, publié chez Vanguard Press en 2009. Paru la même année en version française chez François Bourin sous le titre : *Penser comme un champion.*

Dans l'introduction, Trump fait remarquer qu'on lui demande constamment, comme s'il s'agissait d'une liste d'épicerie, les «secrets» de sa réussite. Les gens s'attendent, en les suivant scrupuleusement, à devenir riches et célèbres.

L'auteur souligne que ce n'est pas si facile.

Dans cet ouvrage, il préfère expliquer le processus mental qu'il utilise. «Je suis persuadé qu'il peut apporter le succès aux lecteurs. [...] Il s'agit d'une autre facette de ma personnalité, celle qui reflète mes sources et la manière dont je les applique à l'ensemble de la vie.» Sa méthodologie est simple : «Je prends un sujet, y réfléchis, le dissèque et le reformule de manière qu'il devienne ce que j'estime être un conseil pertinent.»

Il s'agit d'un ensemble de réflexions sur des sujets variés présentés de manière aléatoire et de conseils généraux sur des questions personnelles et commerciales, un livre de sagesse générale contenant des leçons dont l'auteur a profité. Il offre un intérêt particulier pour les personnes peu enclines à connaître les détails de toutes les transactions de Trump, propriété par propriété. Au lieu de cela, on y examine les méthodes de travail et les attributs spécifiques qui, considérés dans leur ensemble, peuvent conduire les lecteurs sur la voie de la réussite. Un livre qui s'adresse aux profanes et non seulement à la communauté d'affaires.

***

The Trump Card: Playing to Win in Work and Life («L'Atout: Jouer pour réussir, au travail comme dans la vie»), par Ivanka Trump, publié chez Touchstone en 2009; il n'existe apparemment pas de version française.

Parmi les trois enfants adultes issus du premier mariage de Donald Trump, seule Ivanka a publié un ouvrage. Elle avait 27 ans lorsqu'elle a fait paraître *L'Atout*. Dans son introduction, intitulé «Finissons-en», elle constate: «Lorsque je consulte un livre pour m'aider dans un moment difficile de ma vie professionnelle, je ne cherche pas un austère manuel rédigé par un sexagénaire mâle méditant sur sa longue carrière.» Elle recherche un livre écrit par quelqu'un de sa génération auquel elle peut davantage s'identifier.

Tout comme son père et son frère aîné, elle est diplômée de Wharton, l'École de commerce de l'Université de Pennsylvanie. Elle est actuellement vice-présidente directrice du Développement et des Acquisitions dans l'Organisation Trump, et l'un des membres de la génération qui héritera de l'affaire familiale et qui en assurera la gérance. Elle a été particulièrement mise en vedette lorsqu'elle a présenté son père à l'occasion de sa mise en candidature à la présidence des États-Unis.

Ce livre est destiné idéalement aux jeunes loups et louves dans la vingtaine qui, venant du milieu des affaires, tout comme Ivanka, cherchent encore leur place au sein de celui-ci. Elle reconnaît par ailleurs avoir eu l'avantage d'avoir pu être accueillie dans l'affaire familiale, mais soutient que, si elle n'avait pu se montrer à la hauteur, elle aurait été renvoyée comme n'importe qui. La porte était ouverte et l'occasion favorable, mais il lui fallait gagner ses galons.

* * *

Time to Get Tough: Making America #1 Again («C'est le moment de nous montrer inflexibles! Redonnons sa grandeur à l'Amérique»), publié en 2011 chez Regnery Publishing Inc., et réédité en 2015; il n'existe apparemment pas de version française.

Ce livre rompt avec l'aspect didactique du monde des affaires. Il s'agit d'une recette à la Trump où il explique comment les États-Unis doivent se ressaisir et reprendre la place qui leur revient. Autrement dit, il s'agit pour l'Amérique de cesser de se faire prendre pour un punching-ball, de passer à l'offensive afin de redevenir le poids lourd du monde au lieu d'être dans les poids mi-moyens.

Le thème sous-jacent est que les affaires sont la raison d'être de l'Amérique, mais que celles-ci ont été sapées par des politiciens indifférents ou imbéciles et par des présidents timorés qui refusent d'adopter des mesures draconiennes pour faire face aux malaises économiques qui affligent le pays.

Il s'agit en quelque sorte du plan de campagne initial pour la course à la présidence de 2006. Au fil des pages, les lecteurs qui veulent savoir ce que l'auteur pense des problèmes majeurs y trouveront leur compte. En bref, il est question de son programme politique et de ce qu'il préconise pour guérir les maux dont souffrent les États-Unis.

En août 2015, sur le site www.donaldjtrump.com, Trump commença à présenter ses rapports sur les problèmes primordiaux. Ceux qui voudraient effectuer un survol de l'ouvrage réaliseront l'ampleur du sujet. La postface du livre est intéressante du fait qu'il y expose son raisonnement à propos de sa candidature à la présidence. Ainsi, nous découvrons que Melania, sa troisième épouse, lui avait dit: «Donald, les gens t'aiment, mais ils ne sont pas prêts à t'élire président. » Il lui avait alors demandé pourquoi, et elle lui avait répondu: «Tu es un petit peu trop déchaîné et un petit peu trop controversé. Ils te respectent, pensent que tu es brillant – le plus brillant de tous – mais trop peu d'électeurs voteraient pour toi. »

Avec le temps, Melania changea d'idée et poussa son conjoint à se présenter. «Maintenant, tu serais en mesure de gagner, peut-être même sans difficulté. Le peuple est vraiment avec toi; je le constate dans la rue. Il te veut et t'appelle. »

Ce fut, à mon avis, un tournant. Trump décida que l'idée exigeait une sérieuse réflexion et il écrivit: «La principale raison de me présenter dans la course à la présidence est que je tiens à nettoyer le gâchis qu'Obama a fait dans notre pays. [...] Que ce soit moi ou un autre, il nous faut avoir un genre de pensée capable de produire ce type de réussite. » Il faisait, bien sûr, allusion à ses succès en qualité de grand patron de l'Organisation Trump.

Le livre se termine ainsi: «Seulement voilà, nous avons besoin de leaders intelligents, de leaders qui comprennent comment le monde fonctionne et qui ont suffisamment de tripes pour se montrer inflexibles. Avec de bons leaders, nous pouvons reconstruire la cité radieuse sur la colline où nous dominions à une certaine époque. Lorsque nous serons rendus là, nous devrons, avec audace et fierté, célébrer la puissance et la prédominance de l'Amérique dans le monde. […] En faisant cela, nous pouvons ensemble redonner son premier rang à notre pays.»

Quatre années plus tard, Trump décida enfin de se décider et d'annoncer sa candidature à la présidence.

Il convient de noter que le premier chapitre de l'édition en livre de poche fut mis à jour en 2015 afin de refléter les événements récents.

* * *

Midas Touch: Why Some Entrepreneurs Get Rich – And Why Most Don't («La main de Midas. Pourquoi certains entrepreneurs deviennent riches et pourquoi la plupart des autres ne le deviennent pas»), par Donald J. Trump et Robert Kiyosaki, publié chez Plata Publishing en 2011; il n'existe apparemment pas de version française.

La main du légendaire roi Midas, qui transformait tout en or, constitue une métaphore idéale représentant les attributs spécifiques permettant aux entrepreneurs de réussir. Ces attributs sont la force de caractère, le pouvoir de concentration, l'image de marque, les relations et autres petites choses. «Lorsque vous maîtrisez globalement votre prise de conscience, vos talents, vos connaissances, votre expérience, c'est à ce moment-là que la puissance de la main de Midas se manifeste vraiment », estime Trump.

Considérant que ce ne sont pas les établissements d'enseignement ou les gouvernements qui créent les emplois, mais seulement les entrepreneurs, ce livre expose les recommandations de ces derniers pour se montrer à la hauteur de la tâche.

Les bâtisseurs encouragent les lecteurs à cultiver leurs talents entrepreneuriaux et à organiser leur vie financière en n'oubliant pas de prendre des risques.

* * *

Crippled America: How to Make America Great Again (« L'Amérique estropiée. Comment rendre sa grandeur à l'Amérique »), publié par Threshold Editions, en 2015 ; il n'existe apparemment pas de version française.

Étant donné que Donald Trump se présente aux présidentielles, ses opinions sur ce qui inquiète politiquement le pays et les remèdes qu'il préconise afin de redresser la situation deviennent un sujet d'actualité, même s'ils ne comportent rien de très nouveau. Après avoir abondamment parlé et écrit sur le sujet pendant des années, il considère maintenant que le pays est arrivé à la croisée des chemins. À moins d'adopter des mesures draconiennes et immédiates, les États-Unis vont avoir à faire face aux défauts de paiements et devenir insolvables, car la dette nationale a atteint des proportions phénoménales. Trump soutient que le pays est au bord d'un précipice financier qui risque de faire paraître la crise de 2007-2008 comme un simple remous des marchés. Il affirme également que les politiciens de carrière avaient fait preuve d'incompétence et de mauvaise volonté en ne prenant pas les moyens nécessaires pour corriger la situation. De toute façon, il croit qu'ils n'ont pas de solution de rechange puisqu'ils constituent une partie intégrante du problème.

Le mécontentement croissant que Trump ressent à l'égard du système politique américain est semblable à celui de beaucoup de citoyens qui se sentent privés de leur droit de vote. Il s'adresse à un auditoire ciblé qui partage avec lui l'idée que la politique traditionnelle ne joue plus son rôle, et ce, depuis des années. Il est donc temps d'opérer un virage à 360 degrés et d'effectuer des changements majeurs en renvoyant les politiciens de carrière et en les remplaçant par des leaders apolitiques qui serviront utilement les électeurs américains.

ÉPILOGUE

« Il n'est plus inconcevable que Trump puisse
remporter l'investiture républicaine. C'est peu
probable, mais non inconcevable. »

– « La singulière plateforme de Trump »,
par Ruth Marcus,
The Washington Post, le 26 août 2015

Lorsque, le 26 juin 1975, Donald J. Trump annonça
sa candidature à la présidence en se présentant sous
la bannière républicaine, un chahut s'ensuivit. Les
anciens du Grand Old Party le raillèrent, les médias
s'en donnèrent à cœur joie, les fantaisistes des spectacles
télévisés de fin de soirée pastichèrent la nouvelle en
faisant remarquer que tout ce qui brille n'est pas or,
tandis que les grands pontes de l'audiovisuel péroraient
en faisant remarquer que, si Trump menait fort bien
sa barque dans ses sociétés, il n'était pas pour cela la
prochaine personne qui occuperait le Bureau ovale de la
Maison-Blanche.

Toutefois, dans le *Washington Post* du 21 août 2015, les
journalistes Robert Costa et Philip Rucker citaient les
paroles d'un ex-gouverneur républicain du New Jersey,
un certain Tom Kean Sr. : « Dès le départ, tout le monde
a terriblement sous-estimé Trump, faisait observer
Kean, mais tel que je le connais, tout comme j'ai connu

son père et sa famille, je peux vous assurer qu'il s'agit là d'une erreur, car personne n'a encore compris comment véritablement transiger avec Trump. »

Au milieu du cirque médiatique, Trump a pris sa place dans la course, et pour longtemps. Le tout au grand dam de ses détracteurs et à la plus grande joie de ses partisans, qui se précipitent en masse pour assister à ses réunions électorales, où ils écoutent ses propositions visant à redonner à l'Amérique la grandeur qui lui revient.

Il semble que Trump ait un don d'ubiquité, au grand désarroi des autres candidats, peu importe leur affiliation politique. Ces derniers sont en effet incapables d'obtenir ne serait-ce qu'une fraction de l'attention des médias, dont ils ont pourtant grandement besoin.

Trump qui, dans le passé, avait fait mine de se présenter candidat au premier poste du pays ne tergiverse plus aujourd'hui. Le ballon est dans son camp et, pour employer un terme de basketball, il a bien l'intention de se diriger vers le panier pour réaliser un retentissant smash. C'est pour lui le moment favorable. Il aura en effet soixante-dix ans le 14 juin 2016. S'il ne réussit pas à se faire désigner à la tête de son parti comme candidat à la présidence pour les élections de 2016, il y a de fortes possibilités qu'il ne se représente plus.

Voilà. Le spectacle va commencer. Personne n'est capable de donner un *show* aussi brillant, aussi tonitruant que Donald Trump. C'est une force de la nature et, pour utiliser un de ses qualificatifs favoris, une force *géante*. Comme le dit le magazine *Time* qui, pour la seconde fois, lui a fait l'honneur de sa page couverture le 24 août 2015 : « Le Donald débarque. Arrangez-vous avec lui… »

La photo montre Trump dans le bureau de la tour qui porte son nom. Il est en costume de ville et porte un gant de cuir sur lequel est perché un aigle américain.

Devant cette mise en scène, ses critiques protestent en l'accusant de faire preuve de mauvais goût, de se prendre pour un autre et de se croire au cirque !

Mais Trump n'en a rien à cirer. Voilà plus de quatre décennies qu'il encaisse des critiques. Il se dit qu'il est encore capable d'endurer les moqueries de ses opposants jusqu'à la fin d'une campagne, qui pourrait fort bien déboucher sur la présidence.

Et que suggère le magazine *Time* ? « Arrangez-vous avec lui ! »

ARRANGEZ-VOUS AVEC LUI !

Les détracteurs de Trump n'ont certes pas l'intention de « s'arranger avec lui ». Ils préféreraient le voir quitter la scène et le voir remplacé par un candidat républicain plus traditionnel, car il leur pompe un peu trop l'oxygène. Donald Trump a relevé le gant et a commencé un parcours ardu. Il restera dans la course aussi longtemps qu'il le faut pour gagner, aussi longtemps que les sondages lui seront favorables et aussi longtemps qu'il aura l'appui des électeurs sur lesquels il compte pour se rallier à sa cause.

Au moment où ces lignes sont écrites, Trump mène dans les sondages par une marge confortable, ce qui déconcerte ses critiques. Dans un article du *Washington Post* en date du 21 août 2015, et intitulé « Les républicains subissent la tornade Trump sur leur propre terrain »,

Robert Costa et Philip Rucker commentent la situation en ces termes : « Les donateurs s'estiment impuissants et les chefs de file républicains n'exercent qu'un faible effet de levier. Les candidats sont nerveux. Les activistes des supercomités d'action politique savent pertinemment que toute publicité négative à l'endroit du milliardaire pourrait fort bien se retourner contre eux. De plus, tout le monde est d'accord pour dire que, dans la multiplicité chaotique de tous les candidats, le facteur Trump est si imprévisible que la moindre décision comporte d'indéniables risques. »

Après tout, la politique est une affaire de risques aux enjeux élevés. Cette fois-ci, les enjeux n'ont jamais été si hauts. Jouant les Cassandre, Trump ne voit à l'horizon que morosité et sinistrose, à moins que quelqu'un – préférablement lui-même – ne prenne les rênes du pays. Ses remèdes sont simples : « C'est le moment de se montrer inflexibles », il est temps de « voir grand et de casser la baraque » (quand ce n'est pas « botter les fesses » de ceux qu'on juge ne pas être à la hauteur). Il est temps de négocier à partir d'une position de force avec l'étranger, en recourant à « l'art de la négociation » *made in Trump*. « Nous avons été autrefois un grand pays, note le candidat. Nous avons besoin de rebondir, d'appliquer « l'art du come-back » et c'est le moment de « penser comme un champion. »

Trump a déjoué la concurrence car, comme le dit le magazine *Time* du 24 août 2015 dans son article de couverture : « Il suffit d'écouter ce message de dégoût envers le système politique, ses mensonges et ses échecs, pour comprendre comment Trump a pu se hisser au sommet des sondages républicains. »

L'homme de la rue veut qu'on s'adresse à lui dans un langage simple et c'est ce que Trump fait. Il ne fait pas dans la dentelle et s'adresse davantage aux tripes qu'au cerveau. Ses messages plaisent à un ensemble de mécontents qui estiment avoir donné maintes fois des chances aux politiciens, mais que ces derniers ont failli à leur tâche. Notre pays est un gâchis. Nous avons oublié que les affaires sont la raison d'être des États-Unis. Dans ce cas, au lieu de gens incapables ou timorés, pourquoi ne pas placer un homme d'affaires aux réussites multiples à sa tête ?

Regardez bien la couverture du magazine *Time* dont je parlais plus haut, avec la tête de Trump. Son regard est glacial, ses sourcils broussailleux, et il ne sourit pas. Il n'est pas renfrogné non plus, mais son expression montre bien qu'il en a ras le bol des politiciens en général. Ce visage est une peinture de guerre du personnage.

Tel que nous le rappelle *Time* : reste à nous arranger avec lui…

« En fin de compte, tout leader politique
qui ne fait pas résolument face à l'avenir
met en danger le Rêve américain, un rêve
qui a fait de ce pays le meilleur qui soit
au monde. C'est le rêve que caressaient
mon père et ma mère, celui qu'ils ont
réalisé pour notre famille, celui qui m'a
conduit au sommet. »

– Donald Trump, *The America We Deserve* (2000)
(« L'Amérique que nous méritons »)

À PROPOS DE L'AUTEUR

GEORGE BEAHM est un auteur de *best-sellers* et l'un des collaborateurs du *New York Times*. Il a publié de nombreux portraits de leaders socio-économiques et culturels. Ancien officier de l'armée américaine, il a été en service actif dans la Garde nationale de Virginie ainsi que dans la Réserve. Beahm vit dans le sud-est de la Virginie avec son épouse Mary, qui est enseignante. Son site Web est *www. GeorgeBeahm.com*.